Cientos de miles de millones de sonrisas

VERÓNICA DÍAZ
@ModaJustCoco

T0178680

Papel certificado por el Forest Stewardship Council®

MIXTO
Papel procedente de
fuentes responsables
FSC® C117695

Primera edición: octubre de 2020

© 2018, Verónica Díaz
© 2018, de las ilustraciones, Judit García-Talavera
© 2018, Penguin Random House Grupo Editorial, S.A.U.
Travessera de Gràcia, 47-49. 08021 Barcelona

Printed in Spain - Impreso en España

ISBN: 978-84-1314-196-1
Depósito legal: B-6294-2020

Impreso en Gómez Aparicio, S.L.,
Casarrubuelos (Madrid)

BB 4 1 9 6 1

Penguin
Random House
Grupo Editorial

VERÓNICA DÍAZ, *@ModaJustCoco*, es una chica normal que decidió que los sueños están para vivirlos. Se puso manos a la obra y ahora es técnico en Nutrición, estilista y youtuber de moda y de vlogs diarios. Además forma parte de una de las familias más famosas de YouTube: la Familia Coquetes, una gran comunidad donde comparte con sus seguidores su día a día, su faceta como mamá de Gala, sus logros, sus locuras... y mucho más.

@ModaJustCoco
@familiacoquetesocial

JustCoco
JustCoco Vlogs

@ModaJustCoco
@familiacoquetes

A ti, Javier, por hacerme sentir una entre un millón.
Por ti sé que los sueños se cumplen.

A Gala y a Bruno, para que en el día de mañana podáis soñar
a lo grande o a lo pequeño,
pero siempre siendo felices.

Índice

Introcoquete

¡Cientos miles de millones de besos y ... de buenos deseos!

¡¡¡Wuooola a todo el mundo!!! No sabéis las ganas que tenía de compartir todo esto con vosotros. Os preguntaréis: «Pero ¿y este libro? ¿De qué va? ¿A qué viene? *¿Cientos de miles de millones de sonrisas?* ¿Vero dijo alguna vez que quería escribir?»... y muchas cosas más... Pero lo que os voy a pedir ahora es que comencéis a leer este libro con una sonrisa, ya que ese siempre ha sido mi propósito cuando he iniciado algún proyecto para vosotros, ¡haceros más felices por un momento ya que eso es lo que me hace feliz! ¡Compartir con vosotros experiencias que pueden ayudar... o simplemente sacaros una buena sonrisa!

Hace más de un año me propusieron plasmar en estas páginas lo que significaba ser Coquete, el modo en que afrontábamos la vida, disfrutando de las pequeñas cosas, el ser locos felices, el luchar por los sueños y el vivir la vida que siempre habíamos imaginado.

No podía dejar pasar una oportunidad así y, aunque escribir no es lo mío, decidí aceptar este reto y contaros todo de la manera más sencilla, natural y cercana posible, tal y como soy. ¿Cuándo iba a tener de nuevo la oportunidad de escribir un libro sobre esta familia tan bonita que hemos creado? Quienes ya me conozcáis sabéis que no creo que haya nada imposible, que si luchas, los sueños se cumplen y que cuando caminas en su dirección se produce la magia.

En estas páginas descubriréis cómo ha cambiado mi vida, cómo decidí abrazar la ilusión día a día, os contaré cuáles fueron los errores que me ayudaron a crecer, cómo es un trabajo tan «peculiar» como el mío y os explicaré mi visión personal sobre la maternidad, la moda y mucho, mucho más.

Tanto si sois Coquetes de corazón como si sois nuevos miembros en la familia sentiros como en casa y disfrutad de algo que he preparado para vosotros con todo el cariño y la ilusión. ¡Aquí está nuestro libro, Coquetes! ¡Qué emoción!

Cómo comenzó todo

Capítulo

1

Cientos de miles de millones
de sonrisas

¿Que cómo comenzó todo? Ahora que me siento a escribir y a analizar todo lo que he vivido en los últimos años, me doy cuenta de que no va a ser fácil compartir este capítulo. Si me paro a pensar en aquellos años vividos y en cómo eran entonces mis pensamientos, soy consciente de lo complicado que va a ser expresarlo con palabras. Es duro reconocer que alguna vez pude pensar así.

Siempre he sido de las que creen que hay dos tipos de personas y dos modos de pensar completamente distintos: los optimistas y los pesimistas. Y en medio de estos dos extremos, están los matices; porque podemos ser grandes optimistas que de vez en cuando amanecen con el corazón gris. Pero en líneas generales así es como lo veo.

En mi caso, en aquel tiempo, yo pertenecía al bando de los pesimistas.

Mi peor enemiga

A quienes no me conocen no les llamará la atención, pero los que ya me conocéis sabéis que soy una persona superoptimista, enérgica, soñadora, alegre... y esto os pillará un poco por sorpresa, pero he de reconocer que no siempre he sido así. Yo era del grupo de las pesimistas y además no era una pesimista cualquiera, sino ¡¡una pesimista de 10!! ¡¡De las buenas!! ¡¡De las de manual!!

No solo tenía pensamientos que no me beneficiaban, sino que también tenía de los que me dañaban y me hacían sentir mal en numerosas ocasiones.

Los pensamientos negativos se encadenan unos con otros y no te llevan a ningún sitio. No sirven absolutamente para nada. En mi caso uno de esos pensamientos lo que hacía era que me comparase todo el rato con el resto. Si en ese momento me encontraba perdida, sin saber qué hacer ni qué estudiar, mis reflexiones se encargaban de enseñarme cómo muchas otras personas sí lo tenían superclaro, que por qué no podía ser yo así también, que si tal vez era porque realmente yo no servía para nada... ¡Vamos, un mar de pensamientos destructivos que solo me hacían daño!

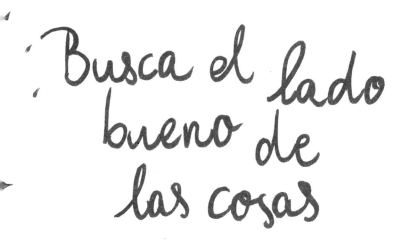

Busca el lado bueno de las cosas

La chica pesimista que consiguió ser feliz

En cambio ahora, unos años más tarde —diez para ser exactos—, estoy aquí escribiendo esto y puedo deciros que tenéis delante a una de las personas más optimistas que vais a conocer. Eso no quiere decir que no tenga mis días malos, ¡claro que los tengo! Y también vivo días tristes en los que discuto con mi pareja, en los que lo veo todo negro y en los que no me resulta fácil buscar el lado bueno de las cosas..., pero eso no es nada comparado con lo que es vivir con una mente pesimista y dañina como la que yo tenía.

Así que, como he dicho antes, este capítulo va a ser algo duro de contar. No sé cómo pude pensar así y a día de hoy, más madura y con más experiencia, sé que me tomaría las cosas de otra manera y que mi actitud sería distinta. Pero este capítulo no va de cómo lo haría ahora, sino de cómo lo hizo «la Vero» del pasado y de los errores que terminaron por cambiar mi vida para siempre. Por eso no solo va a ser un ejercicio duro, sino también muy bonito. Estoy deseando que veáis cómo sí se puede cambiar el modo en que vemos la vida, el modo en que pensamos y el modo en que las cosas nos ocurren.

ESTOY DESEANDO QUE VEÁIS CÓMO SÍ SE PUEDE CAMBIAR EL MODO EN QUE VEMOS LA VIDA, EL MODO EN QUE PENSAMOS Y EL MODO EN QUE LAS COSAS NOS OCURREN

Sin rumbo

Para explicaros esto, tengo que retroceder unos cuantos años. Y aunque el momento en que mi vida cambió por completo y decidí que todo iba ser distinto, fue cuando me presenté a las oposiciones, todo empezó antes, mucho antes, cuando aún estaba en el instituto y no tenía ni idea de qué quería estudiar. Ahí fue cuando comenzó todo.

No sé cómo seréis vosotros, Coquetes, que leéis estas páginas, pero yo he sido una persona que aunque sabía lo que me gustaba, nunca tuve claro cuál sería mi profesión, y ahora entenderéis el porqué. Por aquel entonces, a final de curso de segundo de bachillerato, todos mis compañeros sabían la carrera que querían estudiar y cuáles eran sus aspiraciones profesionales.

Es muy importante tener claro cuál es tu sueño para saber hacia dónde dirigir todos tus esfuerzos y luchar por ellos... ¡¡o eso pensaba yo!! Pero ¡¡no, Coquetes!! A mí la vida me ha demostrado que no siempre tiene por qué ser así.

ES MUY IMPORTANTE TENER CLARO CUÁL ES TU SUEÑO PARA SABER HACIA DÓNDE DIRIGIR TODOS TUS ESFUERZOS Y LUCHAR POR ELLOS... ¡¡O ESO PENSABA YO!!

Decidí estudiar la carrera de Derecho porque era lo que más me «convenía» y tendría mucha más salida que estudiar Periodismo, que era lo que en realidad me apasionaba. Sí, habéis leído bien. Mi sueño siempre fue ser periodista. Me encantaba entrevistar, escuchar a la gente contarme sus historias, transmitir a las personas mi punto de vista, escribir... Y cuando os digo que me gustaba, era más bien que estaba obsesionada con ese mundo.

De hecho, todavía conservo algunos folios de las entrevistas que les hacía a mis compañeros del colegio en quinto y sexto de primaria. Ahora lo leo y me resulta tan tierno y bonito..., pero cuando estás a punto de entrar en la universidad y tienes que decidir tu futuro, todo se vuelve más complicado.

Decisiones con razón

En mi caso, en lugar de escuchar a mi corazón, que me lo estaba dejando muy claro desde hacía años, decidí escuchar a la razón (o a lo que yo suponía que me decía la razón) y hacer lo «correcto»... Así que cuando terminé selectividad, estudiar Periodismo no entraba en mis planes, es como si esa idea nunca hubiera existido.

Fijaos cómo es la mente..., como todo el mundo me decía que era imposible ganarse la vida como periodista ni siquiera lo dudé. En cambio, Derecho era una carrera que me abriría muchas puertas. Y ahora me pregunto: ¿quién tiene el poder de adivinar el futuro?, ¿cómo podía saber yo realmente que una cosa iba a llevarme a conseguir un buen trabajo y la otra no? Al final parece que no me dejé llevar por el corazón ni por la razón..., sino más bien por el miedo y eso sí que nunca es bueno.

Así que después de estar muchos meses dándole vueltas, pasándolo mal, porque pensaba que estaba tomando la decisión que marcaría mi vida para siempre (cosa que no fue así en absoluto. Por tanto, Coquetes, si estáis en ese punto de vuestra vida, hacedme caso, permitíos equivocaros, ¡¡¡no pasa nada!!! Yo terminé equivocándome muchas veces y aun así conseguí cumplir mi sueño), comencé mi etapa como universitaria. Me sentía muy feliz porque aunque no era lo que realmente quería hacer, me había autoconvencido de que estudiar Derecho era la mejor decisión que podía tomar y que al final me alegraría de haber escogido la opción más «responsable».

No todo es perfecto

Al principio todo era superguay. Nuevo lugar de estudio, nuevos compañeros y la sensación de que todo era increíble solo por el hecho de ir a la universidad.

Pero a medida que fueron corriendo los meses, cada vez me pesaba más el estar estudiando algo que no me llenaba para nada. Al final pasaba muchísimas horas al día dedicándolas a estudiar, investigar, razonar, exponer... acerca de algo que cada vez ¡¡me gustaba menos!! Fijaos qué complicado... Cómo me iba a dedicar toda la vida a algo que no me gustaba.

Muchos pensaréis: «Pues vaya tontería, si a nadie le gusta estudiar y eso da igual. Hay que hacerlo y punto», y esa opinión fue la que me hizo sufrir tanto durante todo aquel año.

Sacaba unas notas excepcionales, tenía unos compañeros increíbles, y además estaba aprendiendo cosas superútiles e interesantes, ¿cómo iba a contarle a alguien que lo que en realidad quería era escapar de todo aquello? ¿Cómo iba a decir que en realidad lo que quería era dejar la carrera y estudiar algo que me entusiasmara?

Esa sensación de malestar no disminuyó, sino que aumentaba día tras día, hasta el punto en que me metía en mi habitación con los apuntes y se me aceleraba el corazón, me entraban sudores fríos y la boca del estómago se me cerraba. Estaba comenzando a tener ansiedad..., y cada vez iba a más.

Seguro que si nunca os ha ocurrido algo así, os parece un poco exagerado, pero se pasa verdaderamente mal. La ansiedad era consecuencia de mi lucha interior. Y aunque sé que hay muchas personas que también estudian carreras que no les gustan y después, tras finalizarlas, estudian otra que les gusta más, soy consciente de que en este punto la mente desempeña un papel fundamental.

Una decisión equivocada

Y es que, como he comentado antes, hay dos tipos de mentes o pensamientos, al menos siempre lo he visto así. Uno más benevolente y otro más estricto y cruel. ¿Adivináis cuál era el mío? Mis pensamientos me machacaban a diario, diciéndome que la carrera no me gustaba, que no me veía toda la vida haciendo eso, que vaya tostón... Lo que viene siendo una mente negativa que me manipulaba para hacerme sentir mal. Lo extraño es que debía estar contenta porque había tomado la decisión más «responsable», pero no, yo seguía fijándome en lo malo de las cosas y torturándome por no haber sido valiente.

SI SABES QUE ESTÁS LUCHANDO POR TU SUEÑO, AL FINAL LAS DUDAS DESAPARECEN Y ESO TERMINÉ COMPROBÁNDOLO AÑOS DESPUÉS

Decidí dejar la carrera. Esa fue una de las lecciones más duras (profesionalmente hablando) que viví entonces. Ahora estoy superagradecida porque me enseñó a ser clara conmigo y con las personas que me quieren, a dejar los prejuicios de lado y a luchar realmente por lo que merece la pena en esta vida: los sueños.

Si sabes que estás luchando por tu sueño, al final las dudas desaparecen y eso terminé comprobándolo años después.

Una decisión difícil

Fue muy duro dar el paso de contarle a mis padres, a mi pareja, a mis compañeros, a mis amigos mi situación, que les pilló totalmente por sorpresa..., pero luego me di cuenta de que fue una tontería preocuparse por su reacción. Nadie me juzgó, me dieron sus puntos de vista y me recomendaron lo que ellos pensaban que sería mejor para mí. Entre los consejos que me dieron, el más repetido fue que terminara la carrera y luego hiciera otra que me gustase, y no era un mal plan, pero ¡ya estaba decidida a cortar por lo sano y empezar desde cero!

Cuando dejé la universidad, estuve varios meses trabajando y viviendo un poco al margen del tema estudios. Ese es el resumen de aquel año que me vino genial para desconectar del estilo de vida estudiantil y de paso ahorrar algo de dinero para así poder pagar mi próxima decisión, aunque no sabía cuál sería. Pero poco a poco, casi sin darme cuenta, fui descubriendo que el mundo de la nutrición me apasionaba y decidí estudiar un módulo superior sobre esta materia. Seguía sin ser mi sueño, pero no estaba mal. Era algo que me gustaba y que parecía tener un gran futuro profesional.

Un paso más

No era una carrera, era más cortito, flexible y con prácticas... La idea no podía ser más apetecible y encima me gustaba muchísimo. Pero como suele pasar casi siempre, las decisiones son muchas veces difíciles de tomar y seguía teniendo algunas dudas. Era un módulo de ciencias y yo siempre había sido más de letras o sociales.

Un par de años antes ese habría sido un motivo para decir no a estudiar nutrición. Pero en esta ocasión mi mente había cambiado ligeramente... porque ser optimista o negativo ante una decisión, eso sí es algo que lo marca todo. Como os comentaba, yo siempre había sido muy crítica conmigo misma y algo pesimista, pero las cosas estaban evolucionando. Os preguntaréis que cómo me di cuenta, pues es muy sencillo, por los argumentos que me di para tomar la decisión de estudiar nutrición.

Mi mente de antes, la pesimista, me habría dicho: «No lo hagas, seguro que no te va a gustar, no sabes nada de ciencias, y aunque te gustara, suspenderías porque no se te da bien y no tienes ni idea. Todos tus compañeros van a saber más y te vas a encontrar perdida...». Vamos, que ese pensamiento me habría dejado por los suelos...

En cambio, lo que me vino a la mente fue: «Esto me encanta, no pierdo nada por intentarlo. Es cierto que nunca he estudiado ciencias, pero ¿qué me lo impide? Tal vez descubra algo nuevo que me apasiona y me va genial, y si no es así, ¡qué más da!».

Disfruté mucho aquellos dos años. La nutrición era un tema superinteresante y me encantaba descubrir cosas nuevas cada día que luego podía aplicar en casa. ¡Mis padres y Javier, que ahora es mi marido, sufrieron las consecuencias! Cada vez que llegaba a casa les contaba algo y les soltaba un nuevo sermón acerca de lo que debían comer, cuáles eran los beneficios de uno u otro alimento…, y cada día así.

Es cierto que había asignaturas que me costaban mucho más que otras, como microbiología o fisiopatología, pero con esfuerzo y constancia las pude sacar sin ningún problema.

Es más, Coquetes, esto que os voy a contar ahora no es por alardear, para nada. Hasta ahora lo que he hecho en estas páginas ha

Esto me encanta, no pierdo nada por intentarlo

sido hablar mal de mí y de mis errores, pero quiero que sepáis algo: ponernos límites es una tontería porque si realmente queremos algo y luchamos por ello, podemos conseguir cualquier cosa. Terminé ambos años con las mejores notas de mi clase, primera de mi promoción y con matrícula de honor... Si queremos, ¡podemos, Coquetes!

Aquella bonita etapa se terminó y comencé a buscar trabajo... Algo que fue imposible para mí. En mi caso la nutrición tenía mucha salida profesional como autónomo o tal vez para montar una parafarmacia, pero en aquel momento no contaba con fondos para crear un negocio por mi cuenta. Necesitaba que alguien me diera la oportunidad de trabajar para ahorrar y, lo que era más importante, adquirir experiencia, pero no encontraba nada como nutricionista, solo trabajos como comercial, una profesión que no tiene nada de malo, pero que no me iba a dar la experiencia que necesitaba... Así que no iba a volver a hacer algo que realmente no me llenase y repetir errores del pasado.

PONERNOS LÍMITES ES UNA TONTERÍA PORQUE SI REALMENTE QUEREMOS ALGO Y LUCHAMOS POR ELLO, PODEMOS CONSEGUIR CUALQUIER COSA

Mi propia consulta

En ese momento tenía el optimismo por las nubes y decidí montar mi propia consulta con lo que tenía. Ahí nació mi vena emprendedora. En mi propia casa, en una habitación coloqué un peso con bioimpedancia (es un peso que mide además la masa magra, el nivel de hidratación...) y mi portátil con un Excel que Javier me preparó para meter los datos de los pacientes, su evolución..., y por supuesto mis menús generales, que luego usaría de base para crear otros específicos según las necesidades de cada persona.

Al final la inversión no fue muy elevada y con imaginación y ganas logré ponerla en marcha. Al principio solo venían amigos y conocidos, pero poco a poco comenzaron a venir amigos de amigos y conocidos de conocidos, algo que me hizo sentir superrealizada. Aun así no me fue bien, al final la clientela no aumentó, todo lo contrario, se estancó y no prosperó mi negocio..., pero me sirvió muchísimo para lo que ocurriría después.

La idea del blog

Justo en este punto pensé: «¡¡Ya no tengo nada que perder!!».
Había intentado lo políticamente correcto, que era ir a la universidad; en vez de lo que me gustaba, hice lo que pensaba que
tenía más salida, y fue un error porque no encontré nada de trabajo (para que veáis, Coquetes, que nunca se sabe qué tiene más
salida profesional y qué no) y ya estaba cansada de sentirme
mal por «fracasar» a nivel profesional. ¡Si tenía que «fracasar»
lo haría, pero luchando por algo que realmente me apasionara!

« NO LO HE LOGRADO, PERO HE APRENDIDO MUCHO; ESTO NO ES FRACASAR, ¡ ES MÁS BIEN VIVIR Y EVOLUCIONAR ! »

Y pongo fracasar entre comillas porque ahora no lo llamaría
así..., me parece una palabra superdura que la Vero del pasado
sí usaría, pero que la Vero de hoy en día lo expresaría más bien
como: «No lo he logrado, pero he aprendido mucho; esto no es
fracasar, ¡es más bien vivir y evolucionar!».
A Javier se le ocurrió una idea genial para probar de manera fácil mi pasión por la moda y el periodismo, dos cosas que siempre
estaban en el fondo de mi corazón pidiéndome a gritos que hiciese algo que pudiese disfrutar. «¿Por qué no te abres un blog
de moda y escribes artículos?». En ese momento no tenía ni
idea de lo que era un blog, así que fue algo ¡muy emocionante!
Tras algunos clics y horas leyendo qué era aquello, comencé escribiendo artículos de tendencias y cosas así. Seguí haciéndolo

¿Por qué no te abres un blog de moda y escribes artículos?

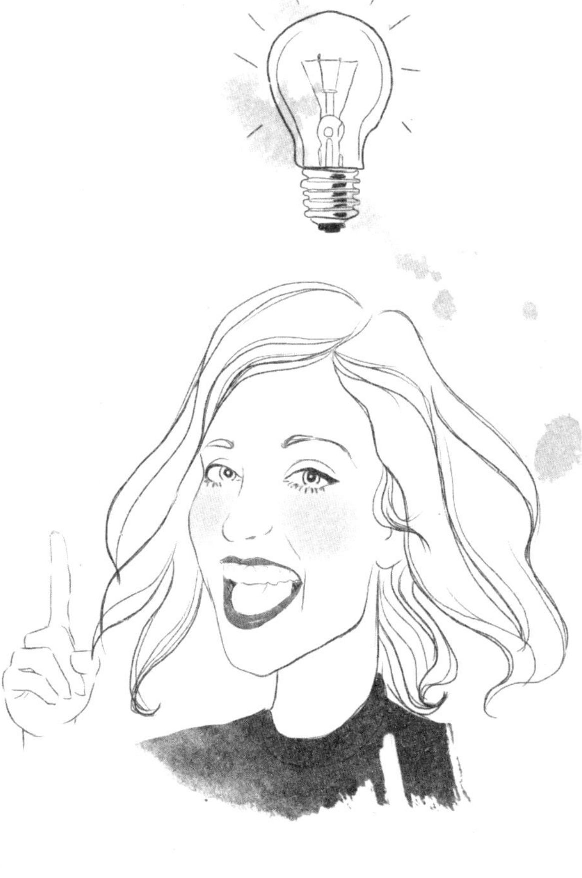

un tiempo y poco a poco fui consiguiendo tener una serie de seguidores fieles que me leían. Un día algunos de los pocos lectores que tenía comenzaron a dejarme en los comentarios una pregunta que me extrañó muchísimo: «¿Por qué no te haces fotos de tus looks y los subes?». Ahora es lo más normal del mundo, pero en aquel momento no lo había visto nunca y pensar que había gente que quería ver mis looks me chocó un montón. Lo primero que se me vino a la cabeza fue: «¿Por qué no?», y así fue como mi blog ¡comenzó a crecer como la espuma! Estuve unos cuantos años trabajando en mi blog, en las redes sociales..., cosa que estaba genial, pero que no lo veía yo como mi trabajo para toda la vida. Lo que ganaba no me daba para vivir, así que decidí opositar para lo que fuera, eso me daba igual. Para mí lo importante era encontrar un trabajo que me diera un sueldo para vivir, pero que me dejara tiempo para seguir haciendo lo que realmente me gustaba, que era la moda, subir looks, ocuparme de mis redes y todo lo que ese mundo conllevaba.

Otro sacrificio

Así pasé uno de los años más sacrificados... Estudiaba ocho horas al día, iba a la academia cuatro veces por semana y todo esfuerzo me sabía a poco, quería conseguirlo a cualquier precio. Os preguntaréis que por qué tanta prisa, pues tiene fácil respuesta, había una convocatoria para examen en menos de un año. Ese era el tiempo que tenía para prepararme todo el temario, la informática, mecanografía... y ¡mil cosas más!

Quiero hacer un inciso para que veáis cómo cuando se mira al pasado, las cosas se entienden y todo ocurre por una razón. Todo lo que había estudiado de Derecho me vino genial porque coincidían muchas materias con el temario de la oposición, además en la universidad cogí una técnica de estudio muy buena, y el tema de haber sido autónoma me ayudaría después en todo esto de YouTube..., pero no adelantemos acontecimientos

Ahí empezó todo

y volvamos a ese examen, ese gran examen que me consumió durante casi un año.

Tengo que decir que me fue bastante bien, había treinta y tres plazas y de unas veinte mil personas que se presentaron quedé más o menos en el puesto cincuenta (no recuerdo exactamente el número), así que aunque no conseguí mi objetivo me sentí superrealizada con la posición en la que había quedado.

De aquella etapa recuerdo la gente maravillosa que conocí, mi espíritu de lucha y superación y, por supuesto, ¡mi boda! Aunque esa es otra historia que os contaré más adelante.

¿Qué iba a hacer entonces después de no conseguir la plaza fija? ¿Había vuelto a «fracasar»? Era la tercera vez que me pasaba algo así... ¿Cómo se suponía que debía sentirme? ¿Qué debía hacer? Decidí no cuestionarme todo tanto y por una vez dejarme llevar por la vida...

Dejarme llevar por la vida

Me mudé con Javier a Málaga y me dediqué de nuevo a mi blog y a seguir repasando el temario de las oposiciones por si volvía a examinarme. En el fondo de mi corazón sabía que eso no volvería a pasar, no quería saber nada de la oposición y solo lo hacía por el qué dirán. Hasta que un día decidí dar el paso, quería abrirme un canal en YouTube.

De repente aparece YouTube por aquí y os preguntaréis: «¿Qué pinta en esta historia?». Es muy sencillo, en mis descansos de estudio como opositora, necesitaba desconectar, ver algo corto, divertido y que me hiciera pensar en otra cosa.

¡¡Descubrí un mundo nuevo!! Para mí YouTube siempre había sido una plataforma donde ver videoclips o tutoriales de peinados, pero no tenía ni idea de qué era un youtuber, ni sabía que existieran los vlogs, ni nada de nada.

En ese momento, tras mi oposición, en el que me encontraba tan perdida, decidí adentrarme en el mundo de los vídeos... Ne-

¡la familia Coquetes!

cesitaba hacer algo más, además de escribir en mi blog o en mis redes, quería tener más contacto con mis «seguidoras» (lo pongo entre comillas porque para mí sois mi familia) y hablar cara a cara con ellas. ¡¡Necesitaba desahogarme, relajarme, ser como era realmente de una vez por todas, y ahí empezó todo!! ¡Nació la que hoy día es nuestra familia virtual, la Familia Coquetes!

Empieza el viaje
¿Cómo cumplí mi sueño?

¡No tengo ni idea! Y vosotros pensaréis: «Vaya chorrada, eso es justo lo que queríamos saber, el secreto para lograr nuestros sueños». Pero os soy totalmente franca, ¡no lo sé!

Y creo que no lo sé porque realmente no hice NADA. Y pienso que ese es el ansiado secreto que todos queremos saber. Pero es tan obvio, sencillo y raro... que no lo creemos. ¿Cómo vamos a lograr nuestros sueños sin hacer nada?

Cuando digo no hacer nada, no me refiero a estar tumbados en el sofá viendo el televisor o mirando las musarañas, Coquetes. Me refiero a dejar de pensar, de darle vueltas, de rayarte y de preocuparte. ¡No hacer NADA de eso! Así es como vais a comenzar a lograr lo que os propongáis. Aunque creáis que perdéis el tiempo si no le dais vueltas a ese tema que tanto os preocupa, aunque penséis que habéis perdido porque habéis decidido dejar de estresaros, aunque creáis que si no dedicáis tiempo a compararos con otros no estáis haciendo nada por solucionar vuestra situación... ¡¡os equivocáis!! ¡Es mil veces mejor no hacer NADA de eso!

A mí me pasaba muchísimo, Coquetes. Como os comentaba yo tenía pensamientos supernegativos y no paraba de compararme todo el rato y ¡¡es un horror!! Cuando opositaba, estaba todo el tiempo con razonamientos como: «Ella ha empezado más tarde que yo a prepararse las oposiciones y ya tiene menos errores, seguro que es porque no estudio lo suficiente», «Realmente sí que estudio todo lo que puedo, así que si estudiando todo lo que puedo una alumna nueva ya saca menos fallos en los test, no voy a conseguir plaza ni en broma», «Y esos apuntes ¿de dónde los ha sacado?, pero si yo estuve en clase y eso no lo dijo el profesor. Es que no sé ni coger apuntes»... Y solo es un ejemplo, me pasaba el tiempo comparándome con los demás y sintiéndome fatal.

Sé que son datos muy efímeros y que no concreto nada, pero es la realidad. Por eso, os voy a contar mi historia, todo lo que me ocurrió.

YO TENÍA PENSAMIENTOS SUPERNEGATIVOS Y NO PARABA DE COMPARARME TODO EL RATO Y ¡¡ES UN HORROR!!

Rutinas

Para ser un poco más concreta, Coquetes, os voy a especificar cómo solía ser un día en mi vida por aquel entonces. Siempre me ha gustado levantarme por las mañanas temprano para aprovechar no solo el día, sino también para estar más tiempo con Javi que trabajaba durante toda la jornada fuera de casa. En cuanto me quedaba sola, aprovechaba para salir a correr. Me encantaba porque me ayudaba a despejarme, a estar conmigo misma y a sentirme mejor. Nada más llegar, me daba una ducha y me sentía como nueva. No os imagináis lo bien que me sentaba salir a correr para mantenerme positiva e intentar no hacer «nada». Eso sí..., no fantaseéis con la típica escena perfecta e idílica, era todo lo contrario, llegaba colorada, con agujetas, habiendo tenido que parar mil veces por el flato... ¡Vamos, que nada de postureo! Tras todo eso pensaba qué comeríamos ese día y si me faltaba algo salía a comprar, sobre todo productos frescos o perecederos, que son los que me gusta elegir y consumir cada día en las tiendas. Por esa época vivíamos en el centro de Málaga y podía bajar al mercado en menos de dos minutos, así que lo tenía bastante fácil.

SALIR A CORRER ME ENCANTABA PORQUE ME AYUDABA A DESPEJARME

Luego me ponía a cocinar y esperaba que llegara Javi para almorzar juntos. Ya sabéis que la cocina y yo no estamos hechas la una para la otra, pero me defiendo. Y aunque no teníamos mucho tiempo, ese momento me ayudaba mucho a seguir en mi línea de no hacer «nada» y mantener mi mente ocupada en cosas que realmente me hacían bien.

La tarde era la parte del día que más pesada se me hacía. Tras comer con Javi, él se volvía al trabajo y yo continuaba en casa... Sinceramente no soy una persona que necesite estar rodeada de personas todo el día, me encanta estar sola y tener tiempo para mí, pero me había acostumbrado a estar liada con las oposiciones y el tener poco que hacer me pesaba demasiado. Aprovechaba para limpiar, recoger, escribir algún post para mi blog (www.just-coco.com) o preparaba looks para futuras sesiones..., pero os aseguro que aun así sentía que las horas no pasaban...

¿Y si me abro un canal de YouTube?

Recuerdo que por aquel entonces yo era más conocida como JustCoco y que mis seguidores del blog se llamaban «MissCoqueras». ¡¡Qué curioso!!! Este dato creo que casi nadie lo sabe, yo apenas lo recordaba.

Metida de lleno en esa nueva rutina, intentaba no pensar, no preocuparme, no rayarme..., y entonces me vino la gran idea:

«¿Y si me abro un canal de YouTube?».

A cualquiera de vosotros os habrá venido a la cabeza alguna vez una idea que os haya permitido soñar y luchar con una ilusión desconocida. Es una sensación increíble..., una motivación que no conoce límites, no existe la palabra cansancio, ni los horarios ni nada de eso.

¡¡¡Al principio andaba super, super, superperdida!!! ¡Super por tres! ¡Lo estaba y mucho!

Pero ¿quién no lo estaría en mi situación? Estaba comenzando a hacer las cosas de otra manera, a tomarme la vida de un modo distinto y eso al principio es complicado.

ESTABA COMENZANDO A HACER LAS COSAS DE OTRA MANERA, A TOMARME LA VIDA DE UN MODO DISTINTO Y ESO AL PRINCIPIO ES COMPLICADO

Ahora tenía algo que ocupaba muchísimo mis pensamientos. En lugar de dejarme llevar por sentimientos pesimistas, esta idea me motivaba a mejorar, a aprender y me dio de nuevo una ilusión.

Personalmente me sentía plena y feliz, pero en el ámbito laboral no había tenido la misma suerte. Y aunque eso no era para mí un trabajo, subir vídeos a YouTube, había algo que me llamaba a hacerlo. En mi caso me apetecía simplemente tener más contacto con las personas que me escribían a través de las redes... Lo mismo es porque me sentía sola y quería pasar más tiempo con vosotros, Coquetes, no lo sé. Lo que sí es cierto es que fue una de las mejores decisiones que he tomado en mi vida. Así que me adentré en la locura de hacer vídeos. ¡¡A Javi casi le da algo cuando se lo dije!! Sus palabras textuales fueron: «¡¡¡Estás loca!!! Con lo que nos ha costado "aprender" a sacar fotos profesionales y de calidad para el blog, ¡¿ahora te vas a meter con los vídeos?!». Y tenía razón. Llevábamos años aprendiendo a sacar fotos buenas, cuidadas, estéticas, con cámaras de calidad... y ahora me presentaba yo con ganas de adentrarme en un mundo totalmente nuevo... Tendría que empezar desde cero pero... ¿y por qué no?

Mi primer vídeo

Decidí que nada me impediría subir vídeos a YouTube. Tampoco podía ser tan complicado. Cogí mi cámara que, aunque era de fotos, hacía vídeos medio decentes; eso sí, la pantalla no era abatible así que no tenía ni idea de qué estaba grabando. Me planté en el salón de nuestro piso (más conocido como Pisete Coquete) y me puse a grabar. ¡Imaginaos la estampa!

¡Qué raro fue sentarme frente a la cámara y comenzar a hablar! Me sentía ridícula... Por supuesto, me aseguré de hacerlo cuando estaba sola, sin que nadie me pudiera escuchar o ver.

¡Al fin lo hice! Había grabado mi primer vídeo para el que sería mi canal de moda. ¡Me sentía eufórica! Ahora solo tenía que publicarlo y listo..., pero no. Llegó una hora complicada y fue el momento de verme. Ay, Dios, ¡¡¡¡¡qué mal!!!!! Es la misma sensación que tienes cuando escuchas tu voz y no la reconoces, pero multiplicado por mil.

No reconoces tu voz, tus gestos, a ti mismo... Me imagino que todo se debe a los nervios y a no estar acostumbrados a vernos...

y a pensar que eso lo podrá ver cualquier persona en internet. Por un momento dudé si continuar con esta locura o si debía abandonarlo. Ahora doy gracias cada día por no desistir y dejarme llevar más por el corazón que por la razón.

Lo edité, que viene a ser cortar partes en las que me trababa por los nervios y cosas así, poner algo de música y bajar el volumen en esos momentos en los que se me iba la pinza con mi euforia y subía un poco el tono al hablar... Vamos, que acababa gritando (como ahora cuando abro los vídeos con el ya conocidísimo: «¡¡¡Wuooooola a todo el mundo!!!»).

Una vez que lo tuve editado y pude verlo por completo..., no me parecía tan mal. Al revés, cuantas más veces lo veía, más convencida estaba de que era lo que quería hacer. Vale..., no sería el vídeo con mejor calidad, mejor sonido, ni mejor nada, pero era

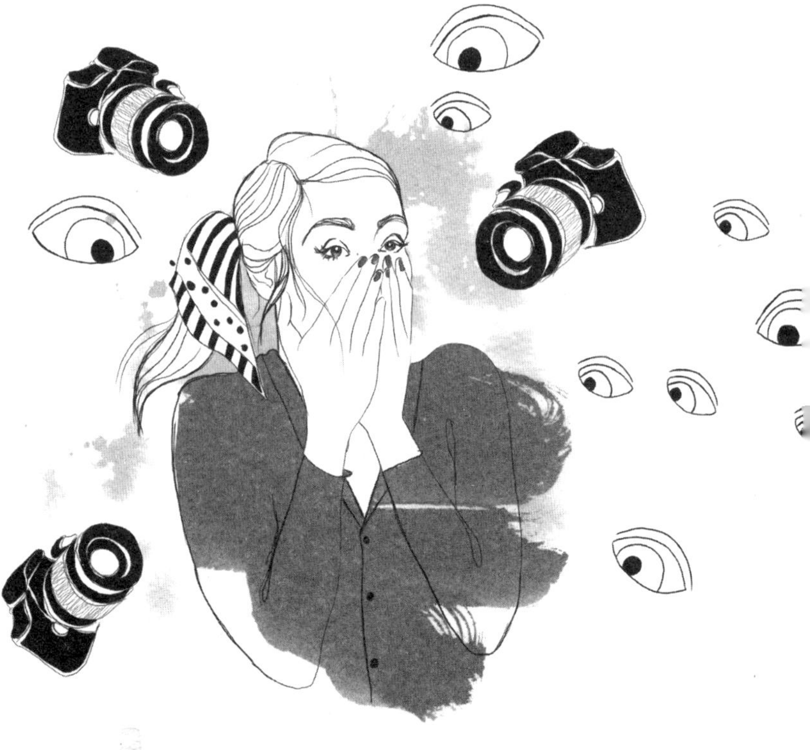

un vídeo en el que le hablaba a mis «MissCoqueras» (por aquel entonces) y les contaba cuáles eran mis ilusiones y el porqué había decidido empezar la locura de YouTube. Fui totalmente sincera y tal vez eso hizo que mi canal comenzara a crecer más y más cada día.

¡AL FIN LO HICE! HABÍA GRABADO MI PRIMER VÍDEO PARA EL QUE SERÍA MI CANAL DE MODA. ¡ME SENTÍA EUFÓRICA! AHORA SOLO TENÍA QUE PUBLICARLO Y LISTO

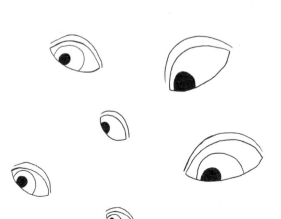

Pistoletazo de salida para JustCoco

He de admitir que mi caso no fue como el de una persona totalmente anónima que sube un vídeo. Yo ya tenía a mis «MissCoqueras» que no habían dejado de seguirme el rastro desde que comenzara con just-coco.com años atrás. Ellas estuvieron al pie del cañón para apoyarme en este regreso a internet tan diferente, tras mis oposiciones.

Comenzaron a suscribirse a «JustCoco», que es como se llama mi canal de moda, y a comentar el vídeo. Creo que no había pasado más nervios en mi vida, ni siquiera cuando me examiné para las oposiciones. Y ahora lo pienso y digo: «Vaya tontería, tan solo subí un vídeo a YouTube, no es para tanto». Pero para mí era importante, y también me interesaba mucho saber cuál sería vuestra reacción.

Recuerdo que, aunque conté con muchos de vosotros, mis primeros suscriptores fueron mis padres y Javier. Siempre estaré agradecida a mi familia por apoyarme sin ser nada fácil. Ser instagramer y youtuber no está muy bien visto, o eso pensaba entonces, aunque no me considero ni lo uno ni lo otro... La gente siempre tiende a poner etiquetas y esas fueron las que me tocaron a mí.

CREO QUE NO HABÍA
PASADO MÁS NERVIOS
EN MI VIDA, NI SIQUIERA
CUANDO ME EXAMINÉ
PARA LAS OPOSICIONES

tutoriales, tutoriales y más tutoriales

Con el paso de los meses fui cogiendo soltura. Ya publicaba vídeos todas las semanas, tenía una cámara con pantalla abatible para ver qué grababa en cada momento, y hasta me compré un foco para mejorar la iluminación. Así fue como poco a poco invertí mis ahorros en material para continuar mejorando y grabando.

La edición pasó a ser más complicada y ya no me bastaba con recortar las partes que no me gustaban o que pensaba que podían ser más aburridas. ¡Quería más! Quería aprender a poner sonidos, imágenes, efectos…, pero no encontraba ningún curso de edición de vídeos en Málaga, que es donde vivo, así que ¡tiré de YouTube una vez más!

Tutoriales, tutoriales y más tutoriales, eso sumado a la paciencia de Javi que sabe mucho más de informática que yo y que trataba de explicarme cada uno de ellos, pues yo no me enteraba ni para atrás. Soy un poco «torpe» para estas cosas, pero… quien la sigue la consigue y ahora estoy muy contenta con todo lo que he aprendido a lo largo de este tiempo y ¡así continúo haciéndolo a día de hoy!

¿Creéis que «la Vero» del instituto habría hecho algo así? Hacedme caso, no… Simplemente no lo habría ni intentado porque la idea de subir vídeos a YouTube le hubiese parecido una chorrada. ¿Quién iba a ver mis vídeos? Además, ese no era un trabajo y necesitaba encontrar algo pronto… Asimismo, estaba supermal visto ser youtuber, ¡no me convenía para nada! Esos pensamientos hubiesen hecho que hoy no estuviera aquí con vosotros, Coquetes, escribiendo este libro y trabajando en algo que me llena muchísimo.

Mi vida en vídeos

De repente un día me topé con un canal de vlogs diarios y ¡¡¡¡GUAU!!!!! ¡¡¡¡Eso sí que me gustó!!!!! El canal de moda estaba muy bien, la moda me encantaba, pero cuando descubrí este nuevo mundo, supe que tenía que abrirme un canal de vlogs diarios. El blog escrito era muy frío y no podía relacionarme con vosotros con toda la cercanía que me gustaba; con el canal de moda ya era un contacto más directo, pero aun así no era del todo lo que me imaginaba... En cambio, un canal dedicado a subir vídeos de mi día a día y poder hablar con vosotros con total confianza, ¡¡eso sí que era una auténtica pasada!!

Mis Coquetes, sabréis de sobra lo que es un canal de vlogs, pero para quienes no lo sepáis, son canales en los que una persona sube vídeos de su día a día. Vídeos normales, de unos quince o veinte minutos (aunque yo debo admitir que me enrollo como las persianas y suelo subir vídeos de veinticinco o treinta minutos), donde muestra su vida real, su familia, su casa, sus viajes... Todo lo que quiere compartir está ahí.

NO ES FÁCIL ABRIR LA PUERTA DE TU CASA A TODO EL MUNDO, PERO UNA VEZ QUE DAS EL PASO, SIENTES QUE ES UNA EXPERIENCIA ÚNICA

Es algo complicado abrirse un canal como este. No es fácil abrir la puerta de tu casa a todo el mundo, pero una vez que das el paso, sientes que es una experiencia única.

Al principio no quise abrirme un canal de vlogs, pensé que era mejor idea hacer una sección de «vlogs diarios» en mi canal de moda que ya estaba creado. Fueron los vídeos que menos visualizaciones tenían. A mis seguidores les gustaba la moda, la nutrición, los retos..., pero no mi día a día.

Había subido vídeos de mis viajes o de cuando una amiga venía a casa y hacíamos algo más especial, pero no gustó mucho, la verdad... Para que veáis que no todo sale bien a la primera. Podría haberlo dejado de nuevo ahí. Si no gustaban mis vlogs, pues seguiría haciendo el canal de moda y nada más.

Pero, si os soy sincera, me dio exactamente igual que no gustaran. Lo que yo quería era grabar mi día a día y compartirlo, ¡sin más! Si gustaba menos, pues que lo viera menos gente, y punto. Pero no sería un motivo que me hiciera dejar de hacer algo que me apasionaba.

Ahí tenéis otro gran secreto para cumplir los sueños, no hacer las cosas para gustar más o menos, sino hacer las cosas disfrutándolas, de ese modo triunfaréis en cualquier cosa que os propongáis.

la constancia fue otro de mis secretos

AHÍ TENÉIS OTRO GRAN SECRETO PARA CUMPLIR LOS SUEÑOS, NO HACER LAS COSAS PARA GUSTAR MÁS O MENOS, SINO HACER LAS COSAS DISFRUTÁNDOLAS

Al fin creé mi canal de vlogs diarios JustCoco Vlogs (más cono-cido como Familia Coquetes). Llegué a la conclusión de que la mejor idea era subirlos en otro canal, ya que aunque en el de moda no funcionaban, no quería dejar de hacerlos.

Ahora lo pienso y ¡¡menos mal que no gustaron en mi canal de moda!! Si los vlogs hubieran tenido éxito en ese canal, nunca me habría abierto el de vlogs diarios y tal vez nunca habrían nacido mis Coquetes... ¡Y ahora sois parte de la familia!

Por haceros un breve resumen de todo lo que he hecho hasta el momento para lograr mi sueño, veréis que en primer lugar no hice «nada». Me dejé llevar por las cosas que surgían y que me llamaban. Podría haberlo dejado por tantos motivos..., pero cuando te llega esa motivación de la que os hablaba al principio, dan igual los impedimentos, seguir hacia delante con tu sueño es el único camino que ves.

La constancia fue otro de mis secretos. No vale empezar a luchar por tus sueños a tope y flaquear a la primera de cambio. Muchas veces es duro, te entran ganas de abandonar, surgen las dudas..., pero marcaros un tiempo límite y dar todo de vosotros durante esos meses o años. Os aseguro que sin constancia no se consigue nada.

Y, por supuesto, haced lo que os haga felices a vosotros y no a los demás. Es imposible contentar a todo el mundo, es imposible ser feliz si basamos nuestra felicidad en la de los demás. Sé que es importante hacer cosas que gusten para vender más música, libros, o que vean vuestros vídeos..., pero siempre habrá personas a las que les encante lo que hacéis si realmente lo hacéis porque disfrutáis... Eso se transmite y llega a la gente. En cambio, si hacéis algo que no deseáis para intentar gustar, lo tenéis muy pero que muy complicado. No sé si me he explicado bien, Coquetes, parece un trabalenguas..., pero la conclusión es que hagáis lo que os gusta ¡y ya!

Al fin comencé a subir vídeos de mi día a día en este nuevo canal. Publicamos tres vídeos a la semana, los lunes, miércoles y

viernes a ¡¡La Hora Coquete (18:00 hora española) conocida por todos!!

Todo me empezó a ir muy bien por aquella época, al menos profesionalmente hablando. Había pasado de estar perdida, de haberme quedado fuera de las oposiciones por pocas plazas, de estar todo el día encerrada en mí misma pensando en cosas que solo me hacían sentir peor... a tener una ilusión, a querer aprender más, a crear, cuidar y mimar mis dos canales y a disfrutar de hablar con vosotros, a sentirme identificada con vuestras historias y llegarme todo el cariño que me transmitíais cada día con cada comentario... ¡¡hasta el punto de convertirlo en el que sería mi futuro trabajo, aunque yo aún no tenía ni idea!!

Y aunque ambos canales iban genial y no paraban de crecer y de llegar a más y más personas, aún no había llegado el día que lo cambiaría todo: el vídeo que nos dio a conocer en YouTube, nuestro test de embarazo.

haced lo que os haga felices

ES IMPOSIBLE SER FELIZ SI BASAMOS NUESTRA FELICIDAD EN LA DE LOS DEMÁS

¿Cómo ha cambiado mi vida desde entonces?

Mi vida ha cambiado TANTO, Coquetes, que ¡no sé ni por dónde empezar!

Lo que sí tengo claro es que en estos apartados quiero que veáis cómo, por complicado que parezca, podéis transformar vuestra vida. Puede cambiar un poco o toda entera, no depende de cuánto, sino de cómo conseguir ser más feliz con vuestra vida.

Antes, cuando veía todo con un aire pesimista, mi vida era mucho más triste. Es cierto que había aspectos en los que era plenamente feliz. Mi familia, mi pareja..., estaba llena de amor, y ese ha sido el denominador común a lo largo de toda mi existencia. Es más, mi infancia no ha podido ser más feliz..., cuando os comento que mi vida era más triste, me refiero a mí, dentro de mí.

MUCHAS VECES TENEMOS INFINIDAD DE MOTIVOS PARA SER FELICES, PERO SIMPLEMENTE NO LOS VEMOS O NO LOS APRECIAMOS

Muchas veces tenemos infinidad de motivos para ser felices, pero simplemente no los vemos o no los apreciamos. Damos por hecho muchas cosas y solo el día que dejan de estar ahí, es cuando las apreciamos y las echamos en falta.

Esto me recuerda mucho a una historia que leí una vez. Ahora mismo no me acuerdo dónde, pero sí sé que me ha seguido desde entonces.

Una chica entra en una habitación para entrevistarse con otra persona. Es una chica triste, que no consigue ver nada más allá de su pena..., y para ilustrar su situación el hombre que está en la habitación le pregunta: «¿Cuántos objetos azules ves?». A lo que ella responde que diez. Seguidamente, el hombre le hace otra pregunta: «Y, sin mirar, ¿cuántos has visto rojos?». La chica responde sorprendida que no ha visto ninguno. Pero el hombre cuenta hasta cuatro objetos rojos en la habitación.

Con esto nos damos cuenta de que muchas veces solo vemos aquello que queremos ver. Aunque tengamos «objetos rojos» que nos hacen felices, si solo vemos los «azules» que nos entristecen jamás seremos felices por más que queramos.

Una vez que entendemos esto, comenzamos a ser más agradecidos y confiamos más en la vida. Al menos fue justo lo que me ocurrió a mí, Coquetes. Yo pasé de ser pesimista, y pensar que no sabía qué hacer con mi vida y que tal vez era porque no servía para nada..., a fijarme en cosas que tenía que me hacían feliz y me hacían confiar en la vida y en mí.

El secreto de la felicidad

Comencé a apuntar cada mañana en una libreta diez cosas por las que daba las gracias. Esa rutina me hizo ver que tenía muchísimos motivos por los que dar las gracias cada día. Mi familia, la salud, mi pareja, poder caminar, ver o pasar una tarde con mis amigas de toda la vida, tener la oportunidad de luchar por mis sueños... A veces nos centramos mucho en «el sueño» en sí, pero no me digáis que no es una suerte tener la oportunidad de luchar por él, independientemente de que al final salga o no, o que derive incluso en algo mejor. Así, poco a poco, fui cogiendo confianza en mí misma y pude ser feliz conmigo misma.

La felicidad no está fuera, está dentro de cada uno de nosotros. Tan solo tenemos que quitarnos los prejuicios y ver más allá.

LA FELICIDAD NO ESTÁ FUERA, ESTÁ DENTRO DE CADA UNO DE NOSOTROS

Un golpe bastante duro

Pero, bueno, no quiero desviarme del tema. Este apartado va dedicado a mi gran bajón. A un bajón que casi nadie conoce. Si os soy sincera, creo que solo lo sabe mi familia y Javier, incluso me atrevería a decir que hay personas de mi familia que lo desconocen (y también buenos amigos). Pero me he decidido a hacerlo público entre nosotros, Coquetes, que somos familia, por si acaso así puedo ayudar a alguien que se encuentre en mi situación.

Para situaros, estos hechos ocurrieron cuando vivía en el centro de Málaga con Javi. Para los que no lo sepáis, Javi trabajaba a treinta kilómetros de casa durante todo el día y su único rato libre era al mediodía para almorzar. Como era imposible que viniese a casa para comer, decidimos mudarnos más cerca de su trabajo (a unos minutos andando) para que le diese tiempo a comer en casa y poder pasar algo más de tiempo juntos. Pero allí, en el centro de Málaga, durante el resto del tiempo me encontraba un poco sola..., él trabajaba, mi familia y mis amigos estaban lejos (en realidad, solo a treinta kilómetros... pero cuando no tienes coche, como era mi caso en ese momento, esos treinta kilómetros redujeron bastante las visitas de amigos y familia); además, no tenía un propósito profesional..., estaba mal, la verdad. Pero decidí que no iba a dejar que nada me entristeciera, así que empecé con YouTube y todo comenzó a ir muy bien, al menos profesionalmente.

Sé que todo esto ya lo sabéis, pero tened paciencia, Coquetes, que estoy a punto de contaros algo importante para mí y quiero hacerlo bien. En ese momento Javier y yo queríamos tener un bebé. Yo ya buscaba a nuestro bebé incluso antes de casarnos. Siempre he querido ser madre por encima de cualquier cosa..., pero Javi siempre me ha frenado, porque él es más reflexivo y yo más impulsiva. Tenía razón cuando me decía que prefería que antes estuviéramos más estables, que yo terminara la oposición, que él tuviera un contrato fijo... Una vez que todo eso se había cumplido, que yo ya había pasado mi examen, con más o menos éxito, y que contábamos con una estabilidad laboral, no había más que esperar.

Queríamos ir a por nuestro futuro bebé. Y, sí, imagino que ya os habréis dado cuenta de que las fechas no coinciden. Nuestra hija se llama Gala y nos enteramos de que estábamos embarazados viviendo en nuestra casa de toda la vida. En cambio este bebé del que os hablo vino mientras vivíamos en Málaga. ¡¡¡Aún recuerdo lo emocionados que estábamos con la noticia!!! Los dos allí..., conteniendo las lágrimas, fundiéndonos en un abrazo tras otro. La felicidad duró muy poco y fue un golpe bastante duro.

¡¡¡AÚN RECUERDO LO EMOCIONADOS QUE ESTÁBAMOS CON LA NOTICIA!!!

A las ocho semanas de embarazo, tenía mi primera revisión. Antes de buscar a nuestro primer bebé, habíamos ido a la ginecóloga y nos dijo que todo estaba bien. Estuve tomando ácido fólico, me cuidé como nunca..., pero la vida quiso que aquel bebé que se estaba gestando dentro de mí no siguiera adelante.

No puedo explicar lo que sentí el día que fuimos a esa revisión. Estábamos Javier, mis padres y yo. Todos ilusionados, deseando escuchar su corazón, e incluso haciendo bromas acerca del sexo y de lo que quería cada uno.

En ese momento la ginecóloga comenzó a hacer la exploración por mi barriga y no escuchaba nada. Yo no me preocupé, jamás se me pasó por la cabeza la posibilidad de que eso podría ocurrirnos a nosotros. Introdujo otro aparato que nos haría ver y escuchar con más precisión. Pero no sonaba nada, ningún corazón, ningún movimiento. Ahí ya sí me mosqueé. Mi doctora

no paraba de mover el aparato buscando algún ápice de vida, pero nada. Jamás olvidaré la cara con la que me miró. Nos dijo que el corazón no latía, que lo sentía, pero que no había salido adelante y que tenía que ir a urgencias.

En ese momento no me lo podía creer y, sinceramente, no pude contener las lágrimas. Sé que tan solo tenía ocho semanas, y muchos pensaréis que es una tontería y que eso no es nada..., pero en cuanto ves en el predictor que estás embarazada, esa vida, por pequeña que sea, ya es lo más preciado para ti y tus seres queridos. No voy a extenderme más en esa experiencia que pocos o casi nadie conoce de nosotros. Quería que lo supierais para poder explicaros mi situación.

Una vía de escape

Ahora, a medida que escribo esto, me vienen a la cabeza mil cosas peores y más duras que pasan otras personas, como las vivencias que han tenido mis padres o mi abuelo. Pero eso no quita que para mí fuese muy complicado.

En ese instante volví la mirada atrás y lo veía todo desde una perspectiva incluso más triste que antes. Me sentía sola, enfadada con la vida.

Yo necesitaba estar en mi casa, con mi familia, y aunque en Málaga veía más a Javi, pasaba mucho tiempo sola y en ese momento quería estar con ellos. Así que por ese y otros motivos más, decidimos volver a nuestra casa.

Yo me encerré mucho en los vídeos. Me daba muchísima alegría poder desahogarme con mis Coquetes, leer vuestros comentarios, enseñaros cómo iba la mudanza..., fuisteis mi vía de escape y teneros me hacía muy feliz.

Otro motivo por el que quería que lo supierais es para que veáis que estas cosas nos pasan a muchos, pero no lo contamos. Y nosotros no lo contamos por un motivo muy sencillo. No quisimos anunciar que estábamos embarazados por si se perdía el bebé.

Pensamos que no era prudente compartir la buena noticia hasta los tres meses de embarazo. Así que no lo sabían ni nuestros abuelos, tíos, ni muchos de nuestros amigos. ¿Para qué íbamos a contarles ahora algo malo, como es la pérdida, si no habían sabido antes que esperábamos un bebé?

Esa lección fue algo supervalioso que aprendimos Javi y yo. ¡¡No se puede vivir con miedo!! ¿¿Para qué??

¡¡NO SE PUEDE VIVIR CON MIEDO!! ¿¿PARA QUÉ??

Al final ambos hubiéramos preferido contarlo para también poder compartir después nuestra tristeza y dejarnos querer por nuestra familia. Ya no había miedo, es más, ¿¿por qué hay que tener miedo a celebrar cosas buenas?? ¿¿Por si no salen bien?? Nosotros lo hicimos y no fue la mejor opción.

Gala, mágica

Para qué tener miedo a que ocurra algo si puede suceder igualmente. ¿No es mejor hacer lo que te hace feliz y si al final no sale bien entristecerte entonces? De qué sirve anticiparse con un pensamiento pesimista, ¡eso no te va a ahorrar el golpe!

Así que regresamos a casa, dejamos de tener miedo a perder otro bebé y ¡¡decidimos comenzar de nuevo la búsqueda!! Si tenía que volver a pasar, lo afrontaríamos y punto, pero no queríamos anticiparnos, preferimos ilusionarnos y ser felices desde ya.

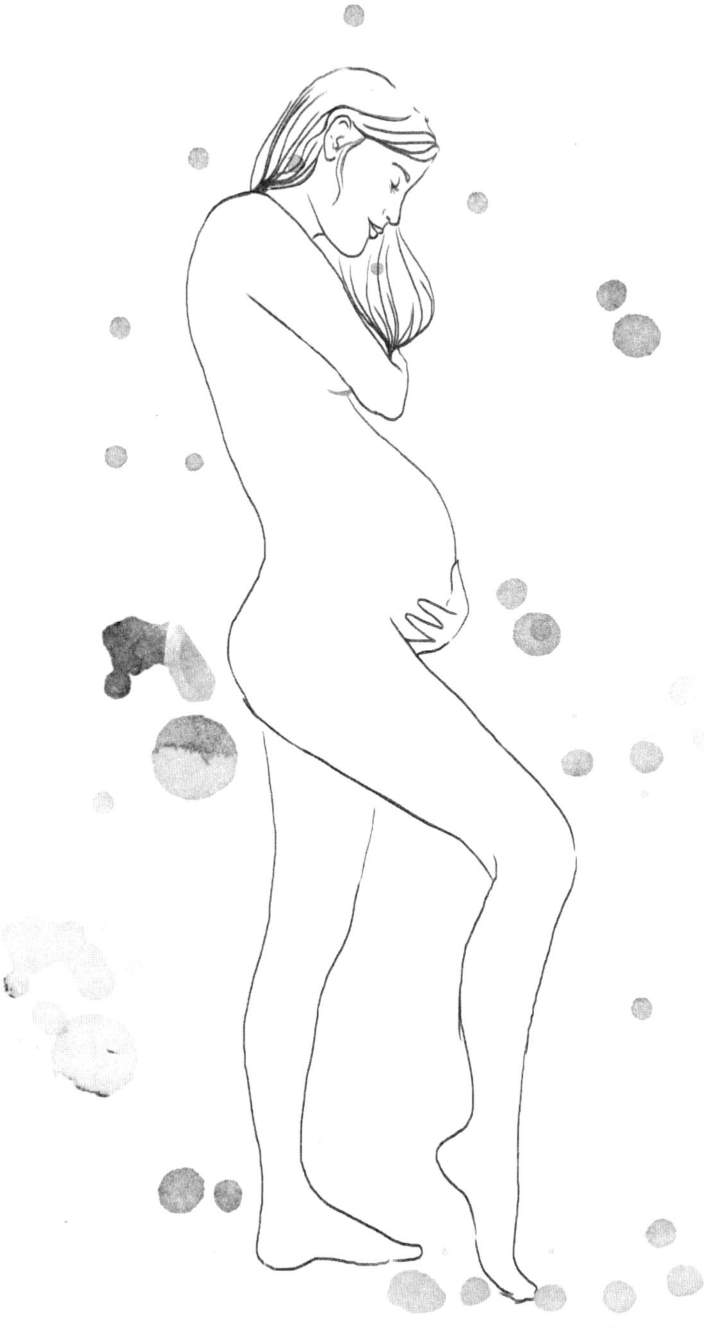

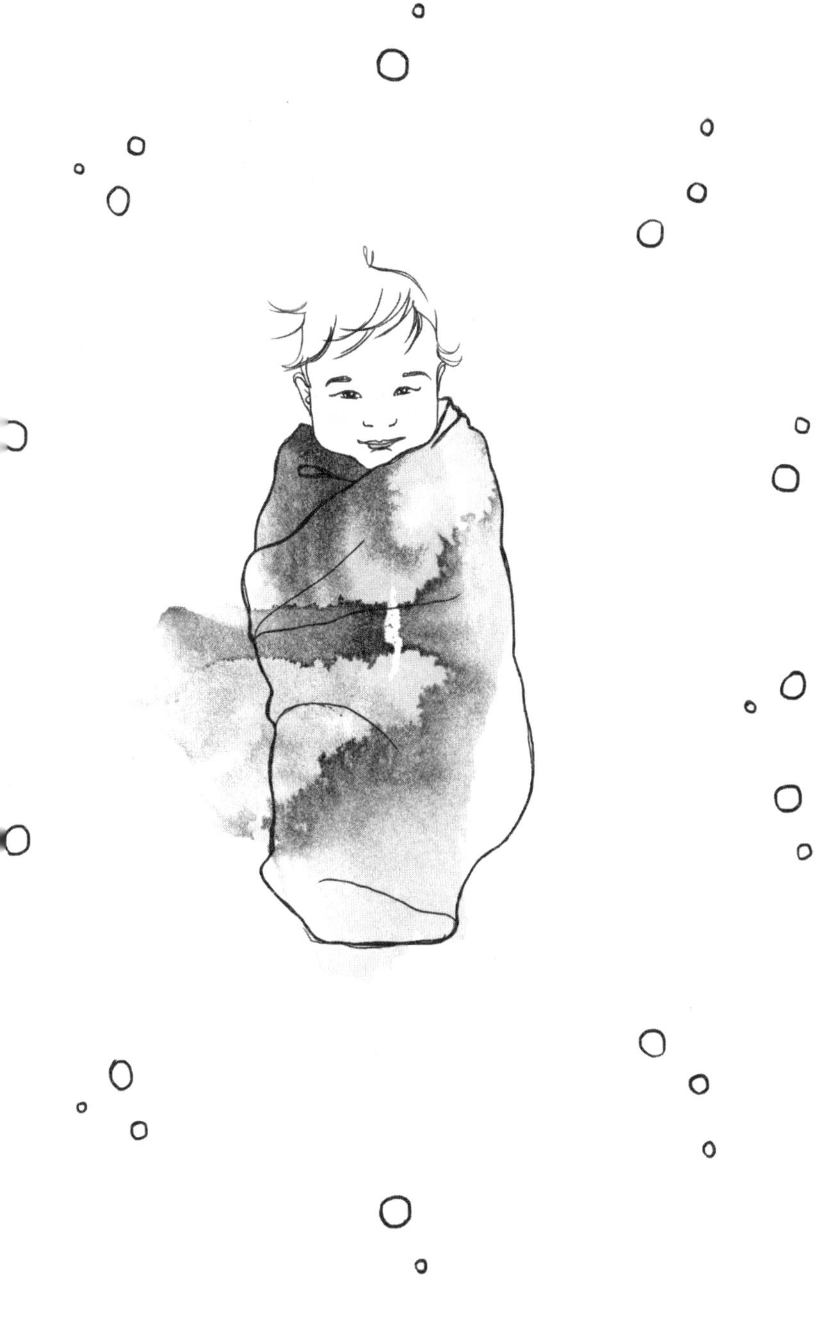

¡¡Al tiempo nos enteramos de que esperábamos a nuestro bebé!! A nuestra pequeña Gala..., y esta vez sí que lo celebramos por todo lo alto. Decidimos compartirlo con toda nuestra familia y con todos vosotros, Coquetes, ya que para nosotros sois parte de nuestra familia también.

En el canal de YouTube, JustCoco Vlogs, hemos podido compartir ese momento en el que nos enteramos de que venía nuestra pequeña Gala. También la reacción de nuestra familia al enterarse... ¡¡Fue todo tan bonito, tan mágico!!

Fue una decisión que, como todas, tiene personas que están de acuerdo y otras que no lo están tanto. Pero como os comentaba, la felicidad está en nosotros y no en los demás. Está muy bien escuchar otras opiniones, consejos y reflexiones, aprender y mejorar, pero al final la decisión es vuestra y de nadie más.

ESTÁ MUY BIEN ESCUCHAR OTRAS OPINIONES, CONSEJOS Y REFLEXIONES, APRENDER Y MEJORAR, PERO AL FINAL LA DECISIÓN ES VUESTRA Y DE NADIE MÁS

Sin miedo a la vida

En este capítulo estoy un poco pesada con el tema de las «historias», pero es que ¡¡me vienen a la cabeza!! Os prometo que no hay más, pero tanto la de los «objetos de colores» como la que os voy a contar a continuación han sido fundamentales en muchas de las decisiones que han marcado mi vida.

Las críticas... No sabéis la de *e-mails* de Coquetes que he recibido en los que me preguntan por este tema. Muchísimos Coquetes que queréis abriros un canal de YouTube, un blog, dedicaros a la música, etcétera, y que tenéis miedo de luchar por vuestro sueño por el «qué dirán». «Es que me van a criticar», «Van a hablar mal de mí», «Voy a defraudar a mis seres queridos», «No está bien visto»... Os aseguro que para mí tampoco fue fácil pasar de opositora a youtuber, pero me hacía feliz a mí y eso fue lo más importante.

Pero, bueno, no me enrollo más y vamos con la historia que siempre cuento cuando me plantean esta cuestión:

Un padre y un hijo van con su caballo recorriendo un largo sendero por mitad del campo. El hijo está montado en el caballo y el padre tira de él. En ese momento pasa por allí una pareja y comienza a criticar lo que está ocurriendo. Afirman que qué feo por parte del hijo, que cómo puede ir subido al caballo y el pobre padre, que está mayor, tener que ir andando y tirando del caballo con él encima..., que no hay derecho.

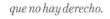

Ambos se percatan de todo lo que comenta la pareja y deciden cambiarse, al final el hijo tira del caballo y el padre va sobre él. Van tan tranquilos pensando que ya lo están haciendo bien, que de cara a la galería ya nadie podrá criticarlos, cuando un hombre que pasa por allí les grita: «¡¿No te da vergüenza?! ¡¡Tener a tu hijo tirando del caballo y tú ahí montado sobre el caballo como si nada!! Vaya padre...».

Entonces ambos piensan que lo mejor será ir los dos sobre el caballo, y así nadie podrá acusarlos de ser mal padre o mal hijo. Pero nada más lejos de la realidad. En ese momento aparecen unas chicas por allí diciéndoles que si no les da pena el caballo, que hay que ver, llevarlo así de cansado y exhausto con el peso de ambos.

Bueno, pues finalmente sin saber muy bien qué hacer, deciden bajarse padre e hijo e ir andando, llevando el caballo detrás. Pero justo en ese instante un hombre les comenta que por qué no se suben al caballo, que qué tontería ir andando cuando pueden aprovechar para ir los dos montados en él...

¡¡Vamos!! ¡¡Que hagáis lo que os dé la gana, Coquetes!! ¡¡Que no tengáis miedo y hagáis aquello que os haga realmente felices!! Si intentáis contentar a los demás, lo único que vais a conseguir es perder vuestros sueños y sentiros frustrados porque es imposible contentar a todo el mundo. Jamás supeditéis vuestra felicidad a la opinión de los demás... porque así es imposible ser feliz.

Y así es como ha cambiado mi vida. He pasado de ser una chica medianamente feliz, algo insegura, triste, poco agradecida con la vida, que veía siempre la parte mala de las cosas... a vivir una vida sin miedos. ¡¡Sin pensar NADA, sin comerme la cabeza de antemano!! ¡¡Siendo feliz con lo que tengo y agradeciendo cada cosa que veo que me hace bien a mí y a mis seres queridos, incluidos vosotros!! Cada *e-mail* o cada comentario en el que veo que os abrís el tan ansiado canal, que conseguís publicar vuestro libro, que entráis en la carrera de vuestros sueños..., ¡cada uno de vuestros logros nos aporta una felicidad y una autorrealización increíbles!

JAMÁS SUPEDITÉIS VUESTRA FELICIDAD A LA OPINIÓN DE LOS DEMÁS... PORQUE ASÍ ES IMPOSIBLE SER FELIZ

Gracias

Gracias a perder el miedo, a lanzarme al vacío; gracias a la vida; gracias a vosotros, a mis padres, amigos, y sobre todo a mi marido y a Gala, ¡¡soy feliz!!

Paso tiempo con mi hija; tengo un trabajo que me encanta y me permite estar con ella; tengo la familia numerosa que siempre soñé junto a vosotros, Coquetes; tengo un marido increíble que me hace sentir la mujer más querida del mundo, unas amigas que me adoran..., podría pasarme el día enumerando motivos por los cuales dar gracias. Estoy tan agradecida a la vida y a tantas personas...

Algo por lo que también doy gracias cada día cuando abro los ojos por la mañana es por Gala. Gracias porque ella está bien. Como sabéis, mi parto fue complicado y Gala sufrió mucho... Si sois Coquetes, conoceréis todos los detalles...; si no, os animo a que os paséis por el canal de la Familia Coquetes y veáis el vídeo de nuestro parto. Un vídeo que a día de hoy no he logrado ver de nuevo...

Apenas se refleja todo lo que pasamos ese día. Gala estuvo cinco días en cuidados intensivos y... hemos estado meses de revisiones para ver cómo evolucionaba su cerebro. Había indicios que preocupaban a la pediatra como que no sonreía mucho, que el brazo izquierdo siempre iba más retrasado que el derecho... y, por eso, cada día que iba a mejor, cada día que la veía más fuerte, daba las gracias.

¡Así ha cambiado mi vida! ¡Ahora os toca a vosotros, Coquetes! Usad estas páginas para apuntar historias que hayan marcado vuestra vida y enumerad cosas por las que estéis agradecidos de verdad. ¡Ha llegado el momento de cambiar y ser feliz!

Gracias a la vida

Boda

Capítulo

2

¿Una vida perfecta?

Todo empezó un 16 de junio de 2014 en el Pisete Coquete (que es como todos llamamos ahora a nuestro pisito). Fue el día en que mi novio me pidió que nos casáramos. He de admitir que mucha gente idealiza la relación que tenemos Javier y yo. Nos queremos muchísimo, conservamos esa magia del primer día, nos entendemos con solo mirarnos..., me cuida y mima como nadie, sigo sintiendo ese cosquilleo cuando noto que me agarra por la cintura..., estamos muy enamorados. Pero he de admitir que no somos para nada la «típica pareja de libro», que no discute, que no llora, que tiene la casa perfecta, la pedida perfecta y ¡la vida PERFECTA!

Para nosotros nuestra relación es perfecta, claro que sí, pero esa no es la perfección de la que os hablaba líneas atrás... Y como un ejemplo es lo más ilustrativo, y yo a veces me explico como un libro cerrado, os voy a contar cómo fue nuestra pedida.

Sé que cuando leáis esto, pensaréis que vaya rollo, que lo más es pedirse la mano en la Torre Eiffel en París..., pero os prometo que no podría haber tenido una pedida de mano más bonita, ¡fue perfecta para mí!

Estábamos en casa y no habíamos tenido un buen día. Si os soy completamente sincera, no tengo ni idea de qué nos pasaba. Es algo muy habitual en mí, guardo para siempre los momentos bonitos, pero los «menos bonitos» los olvido rapidísimo. La cuestión es que no estábamos bien y no sé por qué terminamos discutiendo.

La palabra discutir puede parecer algo exagerada, pero con discutir me refiero a que no estábamos de acuerdo en algo (que no recuerdo ahora) y que nos hizo debatir y tomar posiciones encontradas, sin ir más allá.

La cuestión es que terminamos sin hablarnos... y Javier y yo, que estamos loquitos el uno por el otro y que no podemos pasar más de diez minutos enfadados..., nos abrazamos y comenza-

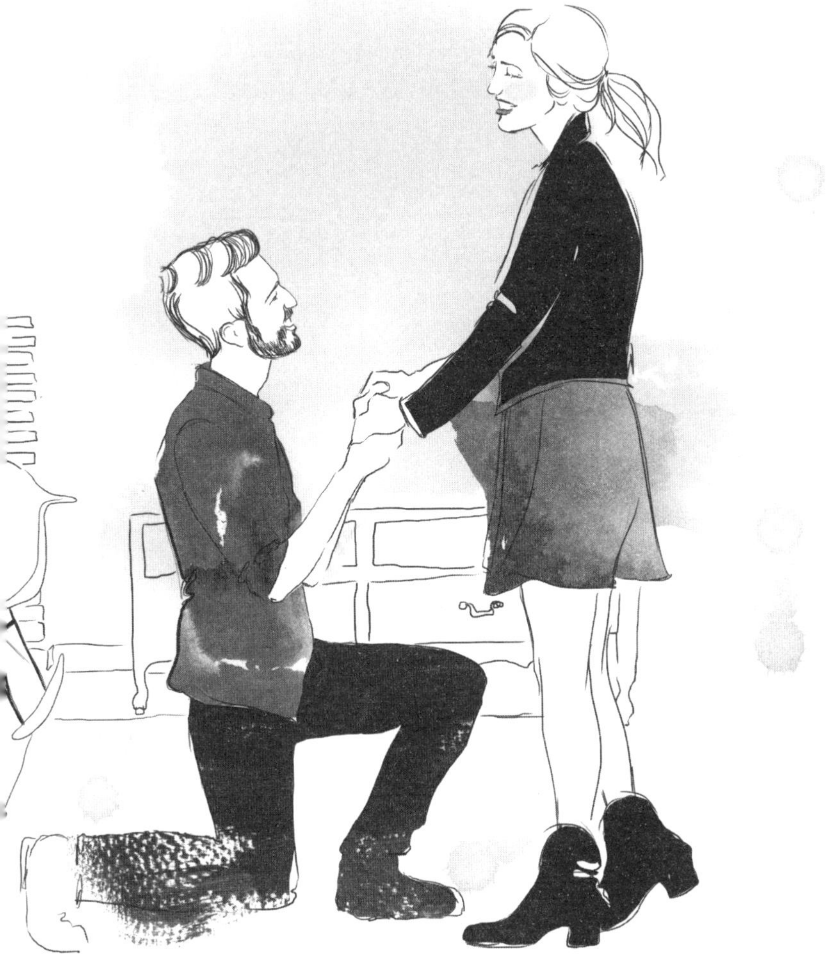

mos a llorar. Entiendo que visto desde fuera, parece una chorrada, pero pensad en lo mal que os puede hacer sentir discutir con alguien a quien queréis mucho y que de repente os abracéis, sabiendo que NO hay nada más importante que tú y él, que él y tú. Ese fue el mensaje de ese abrazo y no pudo llegarme más dentro de mi corazón.

NO HABÍA NADA POR ENCIMA DE NUESTRO AMOR, NADA QUE FUESE TAN IMPORTANTE COMO PARA HACERNOS DISCUTIR TAN SERIAMENTE...

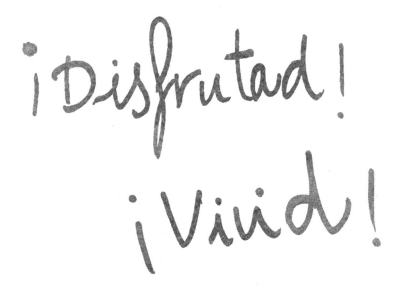

¡Disfrutad!

¡Vivid!

¡amad!

No había nada por
encima de nuestro amor,
nada que fuese tan importante
como para hacernos discutir tan se-
riamente... En ese momento Javi me pidió, por favor, que me
pusiera en pie; me llevó al centro del salón, y me rogó que cerrara
los ojos.

Y ahí me dejó sola durante unos minutos, en mitad del salón,
con las lagrimas de felicidad aún en los ojos y el corazón palpi-
tando a mil. He de confesar que tuve la tentación de abrirlos,
pero realmente no quería hacerlo, quería dejarme llevar y sorprender por lo que me tuviera preparado.

Entonces noté sus manos agarrando las mías; me pidió que
abriera los ojos y ahí estaba él, el chico que conocí hace tantos
años, ese niño de 17, y yo, esa niña de 15, que crecimos juntos de
la mano... Bueno, pues ahí estaba él, arrodillado, temblando,
con lágrimas en los ojos y diciéndome cosas que jamás olvidaré.
Terminó pidiéndome que me casara con él.

No pude ser más feliz, no hubo un rato más perfecto, lugar más
nuestro, ni ambiente más íntimo para hacer algo tan importante para los dos.

Como os podéis imaginar dije que sí... y desde entonces ese
día, el 14 de junio, es muy especial para los dos. Y, Coquetes,
por si aún no os habéis dado cuenta, dieciséis dividido entre
dos ¡¡es ocho!! Este es un número que nos persigue desde siempre y que en nuestros momentos más especiales, como la pedida o la boda, está superpresente, ¡¡poco a poco os iréis dando
cuenta!!

Tips que nos vinieron genial para disfrutar ese día a tope y conseguir la boda que siempre quisimos

Disfrutad a tope

¡¡Sin saberlo ya había empezado una de las etapas más importantes de nuestras vidas!! Ahí va mi primer tip para disfrutar de vuestra boda a TOPE y es... hacerlo desde que os enteráis que os vais a casar (ya sea porque os lo acaban de pedir, como si sois vosotras las que se lo queréis pedir y estar organizándolo todo). Es muy importante que no olvidéis esto, porque luego el día de la boda se pasa superrápido y no disfrutar de estos momentos previos, ya sean horas, días o meses antes, es una pena.

Yo recuerdo con mucho cariño cuando nos íbamos todos a ver restaurantes y fincas, cuando visitábamos ferias de bodas, el día que fui a escoger mi vestido de novia... Son momentos únicos que no se olvidan nunca.

Sed fieles a vuestro estilo

Os tengo que confesar que yo soy muy rara y que no suelo «emocionarme fácilmente», así que era de las que pensaba que no sentiría nada por ningún vestido y menos emocionarme por probarme ningún vestido de novia. Pero tengo que admitir que sí que me emocioné y mucho. En mi caso no fue por la prenda en sí, sino por lo que sentí al ver a mi madre y a mis mejores amigas allí tan emocionadas...

Ya me había probado varios vestidos, como tres o así, y este era el cuarto. Estaba en el probador y cuando me lo vi puesto pensé: «¡¡Madre mía, es perfecto para mí, me encanta!!». Ahora llegaba el momento de salir fuera y ver la reacción de personas que eran muy importantes para mí, pero que no debían influir en mi decisión. Es algo que tenía claro, si me gustaba mucho un vestido, lo escogería y ya, con independencia de lo que opinasen... Pero es cierto que si vuestros seres queridos os dan alguna opinión negativa acerca del vestido que os gusta, pues algo influye, ¡no nos vamos a engañar! Esta situación me puso un poco nerviosa..., pero cuando salí del probador, ¡fue INCREÍBLE! Todas se quedaron de piedra. Mi madre y mi amiga Sandra comenzaron a llorar, ¡¡y yo me emocioné muchísimo!! ¡Ni os cuento la que se lio cuando la dependienta optó por ponerme el velo y el ramo! ¡Ahí sí que nos emocionamos todas, todas, todas!

Finalmente yo elegí no llevar velo, a pesar de que a todas les encantaba, de ahí el tip que debéis ser fieles a vuestro estilo y a vuestro gusto independientemente de lo que opinen los demás. Es bueno conocer otros puntos de vista, pero al final es vuestra boda y debéis ser vosotros mismos en todo momento.

ES BUENO CONOCER OTROS PUNTOS DE VISTA, PERO AL FINAL ES VUESTRA BODA Y DEBÉIS SER VOSOTROS MISMOS EN TODO MOMENTO

Haced que todo sea muy «vuestro»

Otro momento muy especial que recuerdo fue la noche antes de la boda. Aquí también lo hicimos todo muy «nuestro», sin dejarnos llevar por tradiciones que pueden ser más comunes en nuestras familias o zonas donde vivimos, pero que no tienen nada que ver con cómo somos Javi y yo. Lo normal en nuestro entorno es pasar separados la noche antes de la boda.
Aun así nosotros teníamos claro que queríamos pasar juntos la noche antes de la boda. Tal vez si no hubiésemos convivido durante cinco años, pues sí,

Sed fieles a nuestro estilo

hubiese tenido sentido dormir separados, pero después de tanto tiempo viviendo y durmiendo juntos, nos apetecía muchísimo pasar la noche juntos, porque nadie más que nosotros podría entender mejor los nervios y la ilusión del otro.

Esa noche fue mágica... En ese periodo estábamos sin tiempo de nada, yo a punto de examinarme de mi oposición y Javier supermetido en su trabajo, ¡¡tanto que esa misma noche caímos en que no habíamos preparado nada para nuestro baile!! Meses antes estuvimos ensayando un baile «gracioso» con coreografías y varias canciones y tal..., pero al final no nos convencía esa idea, así que lo fuimos dejando, y hasta esa noche no nos pusimos serios...

¡No os podéis imaginar lo romántico que fue! Os lo cuento en confianza, Coquetes, que somos familia, pero es que ¡¡¡fue tan bonito!!! Javi puso en su móvil nuestra canción, «Thinking out loud», de Ed Sheeran (nuestra y de muchísimas parejas más. Es una canción que se puso muy de moda para las bodas. Y no me extraña, si os fijáis en la letra, flipáis. Es una canción tan bonita y que nos describe tan bien a los dos...). ¡Bueno, que me enrollo y rompo la magia del momento! Estábamos en la habitación, con la luz tenue de tan solo una de las lámparas de la mesita de noche, en pijama, con la ventana abierta disfrutando de la brisa de una noche de verano, ambos de pie sobre la cama inventándonos un baile que sabíamos que al día siguiente no recordaríamos, pero que fue casi tan romántico como el que viviríamos en nuestra boda.

Sed felices

¡Llegó el gran día! El día que vosotros, vuestra pareja, amigos, familiares lleváis esperando tanto, tanto tiempo... Eso parece que no, pero algo de presión mete en el cuerpo. Así que para ayudaros a sobrellevar ese día más tranquilos, os diré mi último tip, el más importante, sed felices.
Da igual que las sillas sean de otro color, que haga demasiado calor o que el altavoz no suene bien... ¡¡Es vuestra vida y los preparativos se acabaron!! Ese día no es para preparar, es para disfrutar. Todo lo que teníais que hacer ya lo dejasteis hecho y si al final no sale, ¿qué más da? Ya no importa.

TODO LO QUE TENÍAIS QUE HACER YA LO DEJASTEIS HECHO Y SI AL FINAL NO SALE, ¿QUÉ MÁS DA? YA NO IMPORTA

Coleccionad momentos que os hagan felices

Como pensamos Javi y yo el día de la pedida... No hay nada por encima de nosotros, no hay nada por encima de lo que sentimos el uno por el otro. El día de vuestra boda no habrá nada por encima del amor que os sentís, del amor de las personas que os quieren y os acompañan, ni por encima de vosotros mismos.

Por ejemplo, en mi boda el micrófono no funcionaba y acabamos la noche dedicándoles unas palabras a nuestros seres queridos a grito pelado, pero quedó hasta divertido y ahora ¡es un recuerdo loco y gracioso que tenemos todos!

También tendréis cosas que os ocurrirán de improviso y que serán maravillosas, como el texto de unos amigos que os hará llorar o que el fotógrafo de vuestra boda os sorprenda con unas imágenes de ese mismo día proyectadas antes de comenzar la fiesta... Y es que esto último pasó realmente en nuestra boda. ¡Un detalle que no olvidaremos y con el que todos nos emocionamos!

Coquetes, que me leéis, si estáis a punto de casaros, ¡aprovechad y disfrutad al máximo! Si ya os habéis casado, recordad los momentos mágicos y emocionaros con la ilusión de casaros de nuevo tal vez en otro país, de un modo distinto, o veinticinco años después del primer sí, quiero...

La vida está para vivirla y ser feliz coleccionando momentos. Y cuando pasen los años y miréis atrás, recordaréis y veréis cómo dan todo el sentido a tu vida.

¡Felicidades porque, os caséis o no, habéis decidido ser felices y disfrutar del amor!

¡ FELICIDADES PORQUE, OS CASÉIS O NO, HABÉIS DECIDIDO SER FELICES Y DISFRUTAR DEL AMOR !

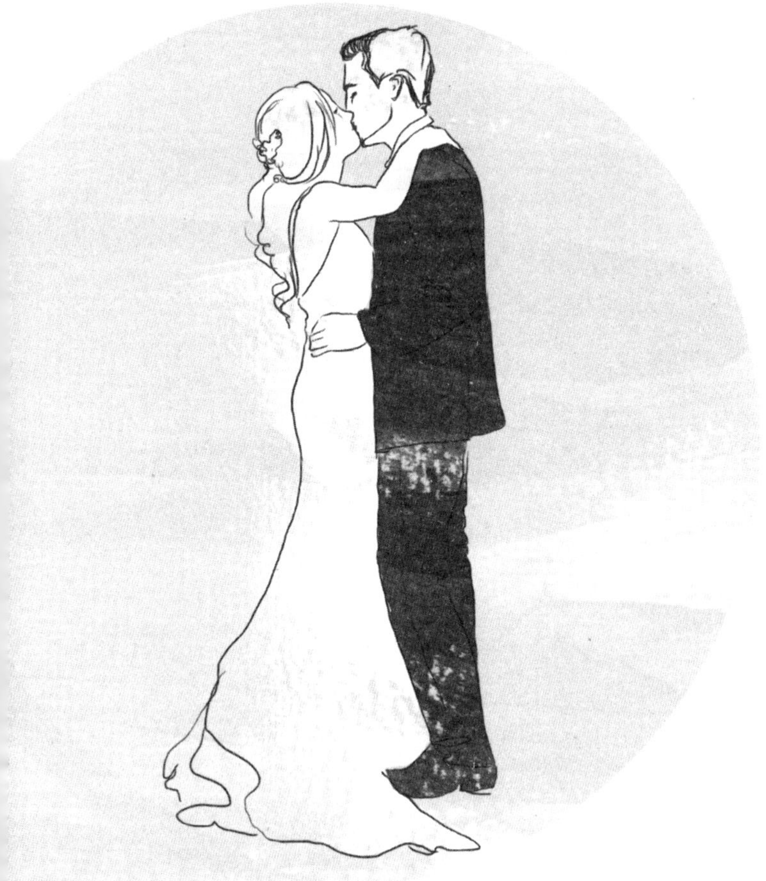

mi familia virtual

Capítulo

3

¡Nacen los Coquetes!

Este ha sido uno de los cambios más increíbles que ha sufrido mi vida en mucho tiempo. Es algo que ni siquiera en mis mejores sueños imaginé. ¿Cómo iba a saber yo que por subir algunos vídeos de mi día a día llegaría a tantas personas buenas? ¿Cómo iba a saber yo que gracias a eso conocería a personas que me quieren y me cuidan como un miembro más de su familia?

Jamás pude imaginar algo así, pero hoy puedo decir, Coquetes, que somos familia.

Pero no quiero anticiparme a los hechos. Empecemos desde el principio por si hay Coquetes nuevos que quieran saber cómo empezó todo.

Todos sabéis que comencé con el canal de moda, JustCoco, y que con el tiempo decidí abrir otro canal de vlogs diarios llamado JustCoco Vlogs. Cuando empecé mi canal de vídeos diarios, nunca pensé que tendría una repercusión tan brutal en mi vida y en la de mi familia.

Comencé grabando con el móvil y publicaba tres vídeos a la semana. Gustaban mucho y recuerdo que os llamaba mis «niñas» y mis «niños». Con el tiempo os comenté que quería poner un nombre que nos definiera a todos, algún nombre que nos representara y que nos englobara a todos. De repente comenzasteis a mandarme muchísimos comentarios y *e-mails* donde me decíais que podíamos llamarnos cocos, coquitos, coquetes, coquillos, coqueros..., y muchos nombres más.

La mayoría de las cosas originales que tiene el canal son obra de Javi, ya sabéis que tiene una imaginación increíble. Pero otro montón de cosas supermolonguis, que hoy en día son parte fundamental de la familia, son obra vuestra, Coquetes.

Los nombres más pedidos fueron coquetes y coquitos. A nosotros nos gustaban ambos, así que hicimos una votación en Snapchat e Instagram y finalmente, entre todos, decidimos que nos llamaríamos Coquetes.

Ese día nació el nombre que hoy representa a mi familia, ya no solo a la virtual, sino a la de toda la vida. En apenas un año esa palabra ha conseguido llenar un vacío muy grande que tenía en mi interior... y por ello, y muchas cosas más, os estaré eternamente agradecida.

Desde entonces, siempre que me dirigía a la cámara, os saludaba como «Coquetes». Así fue como pasamos a ser más conocidos como Familia Coquetes.

DESDE ENTONCES, SIEMPRE QUE ME DIRIGÍA A LA CÁMARA, OS SALUDABA COMO « COQUETES ». ASÍ FUE COMO PASAMOS A SER MÁS CONOCIDOS COMO FAMILIA COQUETES.

El misterio de la S

Otra gran incógnita reside en la S. Muchos nos preguntáis que por qué nos llamamos Familia Coquetes en lugar de Familia Coquete, realmente ni nosotros lo sabemos. Así nos hemos llamado siempre y así seguirá siendo, ya que si ha surgido de manera natural, ¿para qué vamos a cambiarlo nosotros?

De esa palabra derivaron muchísimas otras. Coquetito y Coquetita han sido de las más bonitas... Esta versión de la familia sur-

gió durante el embarazo de nuestra hijita Gala. Somos familia y, como tal, os sentís titos y titas de Gala. Habéis vivido con nosotros el momento en que nos enteramos de que estábamos embarazados, las primeras patadas, cuando supimos que era una niña, el parto, su primera sonrisa, su primera palabra... Tenemos tantos recuerdos juntos, que no me sale otra palabra que familia, titos y titas. El día que leí un comentario donde nos proponíais que os podíais llamar así, «coquetitos» y «coquetitas», ¡¡me dio un vuelco el corazón!! ¿¡¡Cómo podéis tener tanta imaginación y ser tan bonitos!!? Nos representa tan bien, que desde entonces es así como nos llamamos cuando hablamos de Gala.

Anécdotas de familia

A veces pienso: «Vero, ¿los Coquetes de verdad te considerarán su familia?». Es que es algo tan mágico y loco a la vez que me

cuesta creerlo. Y justo en ese instante leo un comentario vuestro donde pone: «¡¡Ay, qué recuerdos!! ¡¡¡Esa canción es de los Vlogmas del año pasado!!! ¡¡Recuerdo perfectamente cuando fuiste a Valencia a visitar la Virgen del Buen Parto y tuviste tus primeras contracciones!!». En ese momento me da otro vuelco el corazón y siento que no podéis ser otra cosa que mi familia.

La familia no es solo la de sangre, que también, pero luego está la que escogemos... Familia es compartir nuestros momentos buenos y malos, apoyarnos, querernos, animarnos, tener recuerdos..., y crear un vínculo tan fuerte que solo la palabra «familia» pueda llegar a definirlo.

Además de cómo nació la familia, han pasado muchas otras anécdotas dignas de contar, que siempre formarán parte de nuestro corazón y que serán uno de los motivos por los cuales subir vídeos de nuestro día a día sea algo tan mágico.

Tal vez esto sea algo que no sepáis, pero hace tiempo puse mi vestido de novia a la venta. Creo que fue cuando empezamos a subir vlogs diarios casualmente. En aquellos momentos éramos muy inocentes y no sabíamos aún la repercusión que tenían las cosas. Así que cuando os dije que había subido mi vestido de novia a internet para venderlo, fuisteis muchas las Coquetes que buscasteis el anuncio y comenzasteis a escribirme al móvil.

Por supuesto retiré el anuncio y mi número de teléfono, pero no puedo ser más feliz de tener contacto con esas personas que decidisteis escribirme por aquel entonces. Tuve que retirarlo más que nada por viabilidad, ahora somos más de cuatrocientos mil miembros en la Familia Coquetes y si todos tuvierais mi teléfono, la comunicación sería imposible. Aun así nosotros estamos muy locos y más de una vez os hemos llamado, pero eso es otro tema.

La cuestión es que a día de hoy sigo en contacto con todos esos Coquetes. Una Coquetita en concreto está ahora mismo embarazada y compartimos ecografías y ¡¡momentos muy bonitos juntas!! Recuerdo que a Gala, nuestra hija, la empezasteis a llamar «Coquesobri»…, ¡¡un mote cariñoso que me parece precioso!! A día de hoy siento que yo también tengo Coquesobris por todo el mundo… y no puedo sentirme más feliz cuando alguna de vosotras me escribe, ya sea por mensaje, *e-mail*, o comentario, ¡¡¡diciéndome que está embarazada!!! Es un subidón que no puede hacerme sentir más feliz.

FAMILIA ES COMPARTIR NUESTROS MOMENTOS BUENOS Y MALOS, APOYARNOS, QUERERNOS, ANIMARNOS,

TENER RECUERDOS... Y CREAR UN VÍNCULO TAN FUERTE QUE SOLO LA PALABRA «FAMILIA» PUEDA LLEGAR A DEFINIRLO

Frase oficial de la Familia Coquetes

Además de todo el cariño que nos habéis aportado, Coquetes, yo sé que siempre nos decís que nosotros os damos mucho cariño, compañía y que os hacemos pasar muy buenos ratos, por eso es importante que vosotros sepáis que es recíproco. Nosotros también recibimos muchísimo cariño por vuestra parte, que sin todo ese amor os aseguro que a día de hoy ya no se subirían vídeos al canal. Vosotros hacéis que tenga sentido y que merezca la pena. Además, Coquetes, significáis tanto para mí y para mi familia que nuestra vida ha cambiado para nunca más volver a ser la que era. Muchas veces estoy con mi madre, Pepi, cocinando y de repente me suelta un «Graba esto para los Coquetes que seguro que les encanta», o vienen mis primitos, Alberto y Carmen, a casa y me preguntan: «¿Hoy estás grabando con los Coquetes? Tenemos ganas de saludarlos», o mi padre me dice: «¡¡Esa camiseta de #YoSoyCoquete la quiero!!».

¡¡Formáis parte de nuestro día a día y eso es un hecho!! Además, tenemos muchas otras frases oficiales en la familia como el #YoSoyCoquete. Esta frase surgió cuando hicimos nuestra primera quedada por los cincuenta mil Coquetes. Recuerdo que queríamos poner un hashtag para usar todos y que así pudiéramos encontrar las fotos de la fiesta, los comentarios

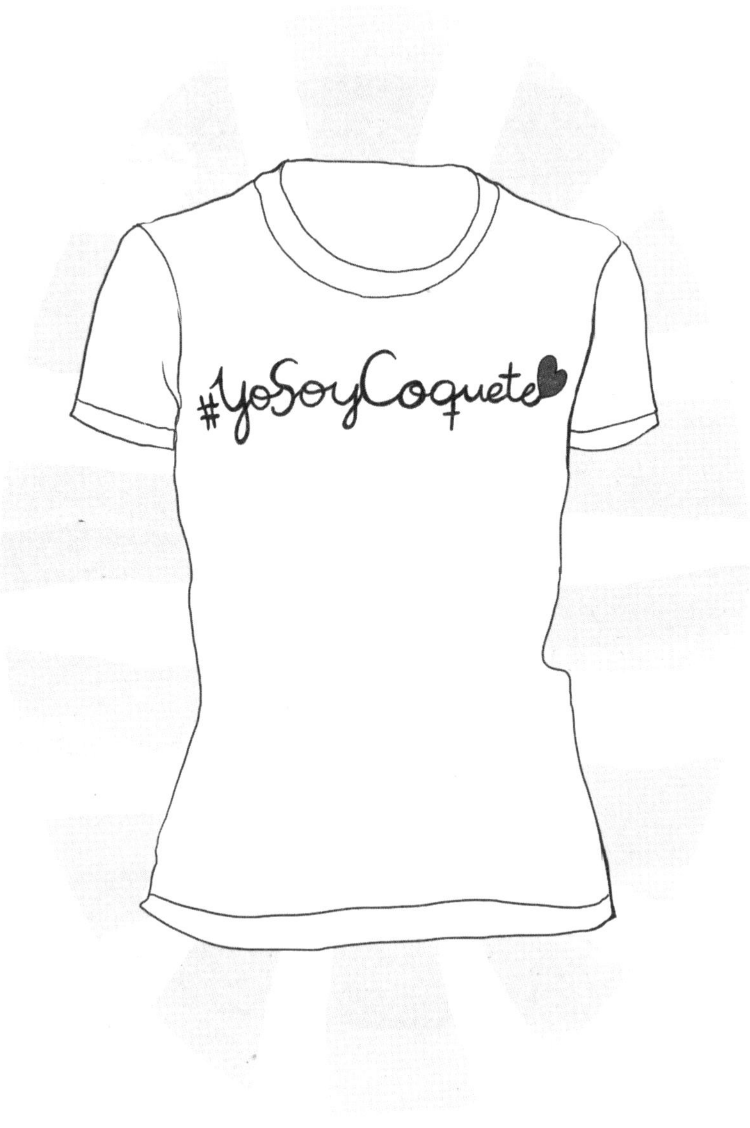
#YoSoyCoquete

y demás de manera sencilla. Entre todos, como siempre, decidimos el #YoSoyCoquete.

¡Es una frase que también surgió sin querer! Cada vez que nos encontramos con alguno de vosotros, lo primero que decís al vernos es «¡¡¡Yo soy Coquete!!!». Para que así os distingamos y sepamos por qué os paráis a saludarnos. Evidentemente vosotros nos conocéis físicamente y nosotros a vosotros no, y es la forma natural que siempre tenéis para saludar, ¡¡y no puede parecerme más bonita y tierna!!

Como estábamos buscando el hashtag para la quedada, que sería el momento en que nos veríamos muchos de nosotros, nos achucharíamos, nos daríamos pechá de besos y pasaríamos un rato de charla..., ¡pensamos que era la frase más bonita para la ocasión!

Desde entonces es uno de los hashtags de la Familia Coquetes... junto con el CMMB que tengo tatuado desde hace algunos meses, pero eso ya os lo explicaré en el «Diccioquete», no nos adelantemos. ¡Aunque ya sabéis que a mí se me escapan siempre las cosas antes de tiempo!

Vida e intimidades de los Coquetes

Somos locos

Ahora que ya sabéis cómo surgió todo..., os voy a explicar ¡qué somos los Coquetes!

Ser Coquete no es solo formar parte de la familia, es mucho, mucho más. Los Coquetes somos locos felices. Vemos la vida como una oportunidad de ser un poco locos y ver felicidad donde otros no ven nada especial.

VEMOS LA VIDA COMO UNA OPORTUNIDAD DE SER UN POCO LOCOS Y VER FELICIDAD DONDE OTROS NO VEN NADA ESPECIAL

Somos personas optimistas, luchadoras, soñadoras, emprendedoras...

Para poneros un ejemplo de locos felices, hace un par de años, por Navidad, Javi compró unos sombreros de Papá Noel para cada uno. Sabéis que me flipa la Navidad, así que nada más ver el sombrero, decidí estrenarlo y ver cómo me quedaba. Todo esto en directo, grabado, para compartirlo con vosotros. En ese momento vi que el gorro me estaba enano, que apenas me cabía la cabeza y que las trenzas blancas que colgaban de él apenas me llegaban a las mejillas. En lugar de pensar: «Bueno, mañana vamos y compramos otro de mi talla», o «Vaya rollo, me está pequeño», ¡¡¡no os podéis imaginar la pechá de reír que nos metimos con ese momentazo!!! ¡¡Creo que es el sombrero de Navidad más molongui que he visto nunca!! Los Coquetes con cualquier imprevisto nos divertimos, nos reímos de nosotros mismos, lo pasamos bien y creamos un instante único.

Así somos los locos felices. Coleccionamos momentos únicos, que van más allá de lo material y del dinero, para ser felices. Al final, cuando miremos atrás, no veremos bolsos, coches o casas..., veremos un viaje en familia, la sonrisa de mi hija, el abrazo sorpresa que me dio ese Coquete el otro día, o ¡ese sombrero que me regalaron por Navidad que apenas me cabía y que me sacó una de las carcajadas más divertidas de mi vida!

Somos aventureros y soñadores

Además, somos personas aventureras. No tenemos miedo a nada, al revés, nos encanta vivir cosas nuevas, salir de la monotonía y de nuestra zona de confort, conocer gente de otras culturas y vivir en países de todo el mundo.

Ese es otro de nuestros sueños, vivir en distintas partes del mundo para poder abrir aún más nuestra mente y seguir coleccionando momentos que nos enriquezcan cada día como personas.

Hablando de sueños, los Coquetes somos las personas más soñadoras que hay en la faz de la tierra. Estamos convencidos de que los sueños están para vivirlos, que si podemos soñarlos se cumplirán algún día.

¿Recordáis lo perdida que estaba hace años? Quién le iba a decir a esa Verónica que conseguiría vivir de lo que le gusta, que formaría una familia numerosa con cientos de personas, que tendría a Gala y que me haría ver que la maternidad es mi sueño realizado más bonito..., que podría trabajar desde casa y compaginar la maternidad con la actividad laboral, que sería autónoma y emprendedora..., ¡y mil cosas más!

Como sabéis, Javi es escritor... y él ha sido uno de mis ejemplos más férreos para saber a ciencia cierta que los sueños se cum-

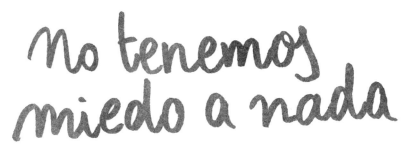

No tenemos miedo a nada

plen. Para quienes no sepáis su historia, os la voy a contar de una forma sencilla. Esto era una vez un chico normal con una jornada laboral partida, que cogía el tren durante cincuenta minutos para llegar al trabajo cada día y otros cincuenta para volver a casa. Con un trabajo que le ocupaba todo el día... y con un sueño que le latía muy dentro, pero que pensaba que jamás cumpliría. Aun así, antes incluso de existir los Coquetes y que supieran que era un gran soñador, decidió sacar tiempo para su *hobby,* la escritura.

Fue en esos trayectos de tren de cincuenta minutos donde terminó su primera novela *El día que se perdió la cordura*. Hasta ahí puede parecer algo más o menos normal. Ha sacado tiempo, la ha escrito y ya..., pero no... Decidió pensar que existía la posibilidad de que al menos una persona se interesara por leerla, y que ya tan solo por eso merecería la pena intentarlo.

Su libro a día de hoy ha sido publicado por una de las editoriales más importantes y es un *best seller* con más de cien mil ejemplares vendidos en cinco meses, que ¡¡ya cuenta con segunda parte y todo!!

Somos familiares y amamos a los animales

Además de todo eso, los Coquetes somos personas muy familiares. Nos encanta pasar el tiempo los unos con los otros, con nuestros padres, hijos, abuelos... Lo que viene a ser la familia y hacer cosas juntos. A nosotros nos encanta jugar a juegos de mesa y pasar el invierno todos alrededor de la chimenea contando historias y haciendo algo de repostería para merendar.

TAMBIÉN SOMOS AMANTES DE LOS ANIMALES

También somos amantes de los animales. No podemos vivir sin ellos y estamos deseando contar con un perrito en la familia.

Mis padres tienen dos perritas, Nana y Laika, ambas de refugios, y son superimportantes para todos nosotros. Queremos que Gala crezca también junto a un animalito, que surja en ella el amor hacia ellos, que se divierta y forme parte de su crecimiento, que adquiera responsabilidad y amor a partes iguales, y ¡¡que juegue mucho y sea muy feliz!! Qué felicidad pueden darnos los animales, ¿¿verdad?? Son tan dóciles y buenos, siempre dan tanto cariño sin esperar nada a cambio... Son tan tiernos e inocentes, que no puede salir de mí más que amor hacia ellos.

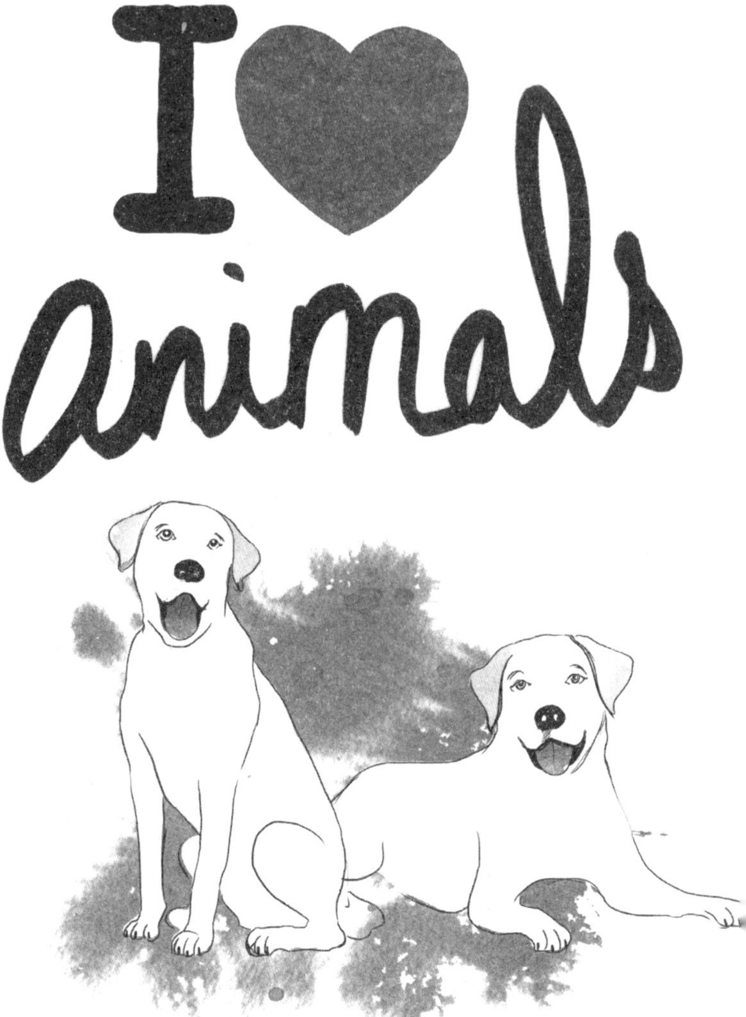
I ♥ animals

Somos deportistas, de buen comer y curiosos

Los Coquetes somos deportistas y nos encanta cuidarnos. Pero ¡ojo! que una cosa no quita la otra, nos cuidamos por fuera, pero sin descuidar el disfrute «interno». Adoramos comer, probar guisos nuevos, disfrutar de la comida sana y no tan sana, de cuidarnos más y menos..., de vivir la vida de manera saludable, pero sin obsesionarnos y dejar de lado otro placer de la vida, la comida.

Somos personas muy curiosas, nos encanta aprender cosas nuevas, mejorar y no dejar de estudiar. Como sabéis, yo no tenía ni idea de edición de vídeos, pero eso no fue un impedimento para crear mi canal y aprender poco a poco, con paciencia y con tiempo. Ahora estoy deseando continuar con los estudios de inglés o realizar algún curso más avanzado de edición de vídeos... Aunque ahora mismo mi peque y la falta de tiempo me lo impidan, ¡sé que en algún momento lo haré porque son cosas que me hacen muy feliz!

Nos alegramos del bien ajeno

Alegrarnos por el bien de los demás. Es otra faceta que me encanta de los Coquetes, somos superfelices con el bien ajeno. Recuerdo un sorteo que hicimos hace tiempo y que tenía un único ganador. Pensaba que tal vez, cuando anunciáramos al ganador, muchos os sentiríais tristes por saber que no erais vosotros, os apenaría la noticia, o os daría algo de rabia... Pero ¡¡¡no!!! Nada más lejos de la realidad. No dejé de leer muchos comentarios donde felicitabais a la persona ganadora y además comentabais lo felices que estabais de saber que le había tocado a un Coquete, parte de vuestra familia, que seguro que si os hubiera tocado a vosotros también os felicitaría... ¡Para mí no dejáis de ser un gran ejemplo! ¡Sois bellísimas personas!

¡Nos encanta hacer listas!

Somos inquietos, viajeros y de tradiciones... aunque sean inventadas

Los Coquetes también somos algo inquietos y no podemos estar en un solo sitio, ¡ni hacer una sola cosa! Nos encanta estar de aquí para allá, y aunque somos caseros y familiares, nos gusta salir, disfrutar de la naturaleza, viajar mucho y abrir nuestra mente a todo tipo de culturas.

Somos personas de tradiciones, y si no las tenemos, nos ¡¡las inventamos y las hacemos nuestras!! Entre ellas, las tradiciones Coquetes por excelencia: hacer roscos de vino en Navidad o pizza casera la noche de las perseidas.

Somos de listas y tenemos lenguaje propio

Otro dato curioso que nos define a los Coquetes sería que nos encanta hacer listas. ¡Enumerar cosas e ir tachándolas a medida que vamos cumpliéndolas!

También somos personas de tener nuestro propio lenguaje y ¡alguna que otra coletilla! A quién no le suena el típico «molongui», «pechá», «proteto» o «CMMB»...

Los Coquetes somos únicos y especiales..., que ante todo tenemos un propósito al día y que cumplimos a rajatabla: ¡sonreír mínimo, mínimo, mínimo una vez!

Mi embarazo

Capítulo

4

Un embarazo. Es curioso cómo algo que al principio parece inexistente puede cambiarnos tanto la vida, desde el mismo momento en que nos enteramos.

He recibido esta noticia dos veces. La primera fue muy distinta a la segunda por muchos motivos. La primera vez apenas acababa de empezar con el canal de moda, así que se puede decir que no tenía esa necesidad de compartir mi experiencia por internet, aunque he de confesaros que esa vivencia la tenemos grabada para nosotros.

La noticia de ese embarazo fue una alegría inmensa para Javi y para mí. En este caso llevábamos buscando un bebé varios meses y cuando de repente vimos el positivo, fue algo increíble. Pero lo bueno duró muy poquito. Como ya os he contado en otra parte del libro, a las ocho semanas teníamos la primera revisión ginecológica y por desgracia su corazón se había parado. No os imagináis lo que sentimos... Fue horrible.

A UN HIJO SE LE QUIERE DESDE EL MOMENTO EN QUE TE ENTERAS DE QUE ESTÁS EMBARAZADA, SIN NECESIDAD DE QUE TENGA NI TAN SIQUIERA UN MES DE GESTACIÓN

Sé que las personas que no han vivido algo así pueden pensar que no es para tanto, que tan solo tenía ocho semanas, y en parte tienen razón, por supuesto no es lo mismo que ocurra esto a las ocho semanas que a los ocho meses. Pero lo que sí os puedo asegurar, porque lo he vivido, es que a un hijo se le quiere desde el momento en que te enteras de que estás embarazada, sin necesidad de que tenga ni tan siquiera un mes de gestación.

Por eso quiero empezar así este capítulo, porque ese momento ya nos cambia para siempre.

En una nube

En esta segunda ocasión, en el embarazo de mi hija Gala, decidimos que todo sería diferente. Queríamos contárselo a todo el mundo desde el minuto uno y disfrutar a tope. Ese día fue de los más emocionantes de mi vida. Javier y yo no parábamos de llorar y de abrazarnos. Después del aborto espontáneo y del tiempo de espera, buscamos de nuevo el bebé..., y llegó pronto, bastante rápido.

Mis padres, en esta ocasión, lo celebraron de un modo más prudente, como preocupados por mí y ese bebé, y con algo de miedo en el cuerpo por si se volvía a repetir la mala experiencia.

En cambio, Javier y yo estábamos superoptimistas y lo celebrábamos con todo el mundo, ¡¡estábamos en una nube!! ¿Para qué tener miedo? Si algo tenía que ir mal, iría igualmente, disfrutáramos a tope de ese momento o no. La primera revisión fue perfecta y pudimos escuchar el corazoncito de nuestra pequeña Gala. Esa circunstancia fue supertensa. Los dos nos mirábamos y nos mordíamos los labios pensando y deseando que se escuchara su corazón...

Una vez que ya lo has vivido, pero de un modo totalmente opuesto al que jamás imaginaste, es difícil no afrontar de nuevo la misma situación sin incertidumbre, preocupación e incluso algo de miedo.

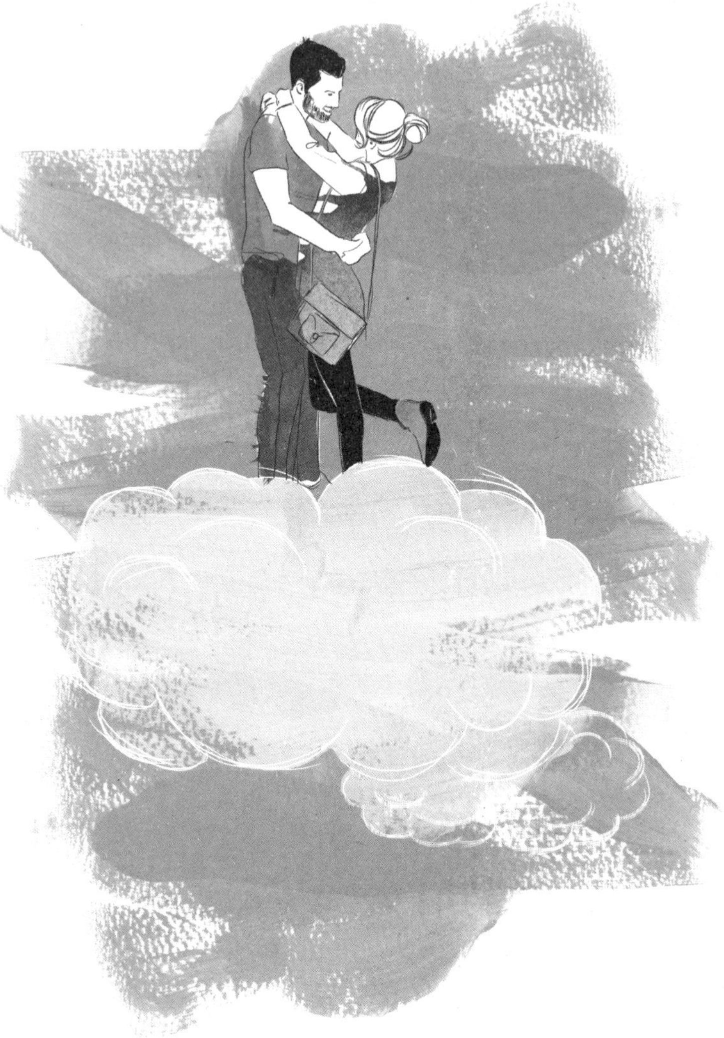

Tras pasar esos momentos iniciales, poco a poco comencé a ser más consciente de mi embarazo. Si sois unas Coquemamis primerizas, sabréis que cada nueva sensación es un mundo, que en el embarazo todo es una incertidumbre.

SI SOIS UNAS COQUEMAMIS PRIMERIZAS, SABRÉIS QUE CADA NUEVA SENSACIÓN ES UN MUNDO, QUE EN EL EMBARAZO TODO ES UNA INCERTIDUMBRE

Primer trimestre. Entre sueños y temores

Náuseas y sueño

Mis primeros síntomas fueron las náuseas y el sueño desproporcionado. Cuando digo sueño, es SUEÑO en mayúsculas. Una vez me ocurrió algo supergracioso: iba yo en el coche con mi madre, y ella me estaba contando algo; eran las diez u once de la mañana, y ¡¡yo me quedé frita!! Estaba tan dormida que ni me enteré de que había parado el coche y ¡¡ya estábamos aparcadas y todo!! Vamos que me quedaba dormida en cualquier sitio y era algo que me hacía mucha gracia porque ¡yo soy una polvorilla! Me encanta estar todo el tiempo haciendo cosas, de aquí para allá, y no pega mucho conmigo eso de dormirme como si nada.

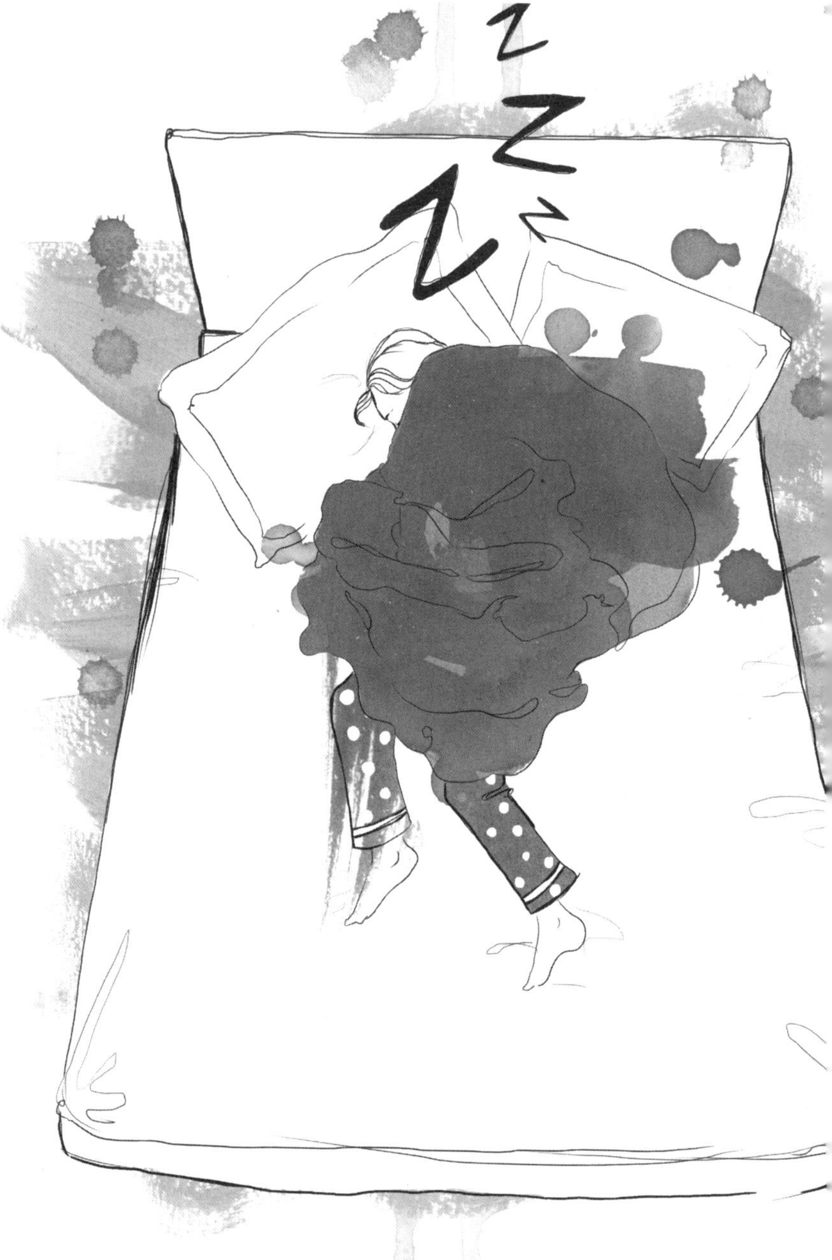
Z
Z
Z
Z

Ese síntoma hasta molaba, pero el de las náuseas, no... Cada mañana iba al baño a devolver, a veces incluso por las tardes y por las noches también me daban náuseas y era horrible. Una de las cosas que peor llevaba era la de vomitar, me costaba muchísimo y lo pasaba realmente mal.

Los Coquetes que seguisteis mi embarazo en YouTube sabéis que había días que estaba reventada, que apenas podía grabar y que ni siquiera me quitaba el pijama... El primer trimestre para mí fue muy complicado. Menos mal que al poco tiempo comencé a tomarme una medicación específica que recetan a las embarazadas en estos casos y conseguí tener bajo control esta situación que tan mal me hacía sentir.

Temores

A esto tenemos que sumarle el temor a sufrir de nuevo un aborto espontáneo. Dejé el gimnasio y no quería correr ni andar en exceso, ni tampoco coger nada de peso (Javier y mi familia de todos modos no me dejaban hacerlo), y eso siempre estaba en mis pensamientos.

Fue muy duro para mí vivir todo eso sin contarlo en mi canal, Familia Coquetes, pero no me sentía preparada. Todo esto había sucedido en la intimidad, antes de existir el canal de vlogs, y ahora que estaba embarazada de nuevo no quería ni mencionar esa experiencia vivida. Pensaba que si hablaba de ello, sucedería de nuevo o tendría que volver a vivirlo, no sé transmitiros cómo me sentía, pero fue así. Aunque tenía muchísimas ganas de explicar que tenía miedo, no estaba preparada para confesar algo que ni siquiera parte de mi familia o amigas sabían.

Sé que muchos pensaréis que estaba loca. Que si tanto miedo tenía, para qué lo hice público antes de los tres meses que se supone que ya sí es «seguro» contarlo. Ya lo expliqué antes, fue porque no nos gusta ocultar las cosas, preferimos vivirlas con nuestra familia, incluida nuestra Familia Coquetes, antes que vivirlas sin poder compartir nuestras alegrías o nuestras penas con la gente que nos quiere. Ya sabíamos cómo era vivirlo sin contarlo y no nos gustó..., pero bueno esta historia ya la sabéis. Al final preferimos ser unos locos felices y disfrutar de las cosas sin tener en cuenta nada más.

Segundo trimestre. La época más bonita

Pasado el primer trimestre, llega para nosotros la época más bonita del embarazo. Ahora no tenía náuseas, no estaba para nada cansada y además cada semana que pasaba Gala estaba más fuerte y corría menos peligro. Eso era lo más importante. Es tan dulce el segundo trimestre.

CADA EMBARAZO ES UN MUNDO, PERO POR NORMA GENERAL EL SEGUNDO TRIMESTRE SUELE SER EL MEJOR PARA LA MAYORÍA

Cada embarazo es un mundo, pero por norma general el segundo trimestre suele ser el mejor para la mayoría. El primero solemos tener algún que otro malestar y en el tercero ya va incomodando el triponcito. Pero ¡¡¡el segundo es una pasada!!! Comienza a aparecer la tripita, ¡¡¡algo que para una embarazada, sobre todo primeriza como lo era yo, es todo un acontecimiento!!!

Todas las semanas hacíamos fotos de la tripa en la misma postura, en el mismo lugar, para luego hacer un álbum con todas ellas y ver mi evolución corporal. ¡¡El cuerpo de la mujer es tan alucinante!! No sabéis la gran tripa que llegué a tener, ¡¡era todo barriga!! Tenéis las fotos en mi instagram @ModaJustCoco por si os apetece verlo, y también podéis ver un vídeo de la evolución de mi tripa en mi canal de YouTube por si os intriga saber cómo era, pero ya os digo que era una señora barriga.

¡¡EL CUERPO DE LA MUJER ES TAN ALUCINANTE!!

Lo bonito de grabar vlogs diarios, y compartirlos con tu familia virtual, es que siempre quedan esos recuerdos. No solo el vídeo, sino también los comentarios tan chulos de personas que te mandan tanto amor desde la distancia. Es algo que no se puede explicar; lo que se siente es indescriptible. Tener familia por todo el mundo es algo mágico, que llegues a un país en el que no has estado nunca y que ahí vivan personas que te conocen y te quieren.

Mucha gente piensa que podríamos hacer lo mismo, grabarnos cada día, y guardar los vídeos en una memoria sin subirlo a internet, pero os aseguro que no es igual. No te «obligas» a ser tan constante y además no tienes esa emoción de compartirlo con la familia, ¡¡mis Coquetitos!!

Recuerdo el día que noté a Gala en mi tripa por primera vez (vídeo «Noto a Gala moverse»). Cogí la cámara corriendo, era de madrugada, Javier estaba superdormido y no quise despertarlo. Así que me puse a grabar y fue precioso. Ahora lo veo y me parece mágico. Yo, tan emocionada, incluso desenfocada porque con los nervios ni me grabé bien, contando lo que había sentido y cómo había sido.

Es una de las preguntas que más nos hacemos las embarazadas primerizas: «qué se sentirá» junto con «¿el parto duele tanto?». Yo no paraba de pensar en cuándo la notaría, qué se sentiría, si sabría distinguirlo..., y os aseguro, Coquetes, que se nota.

Fue al comerme una natilla de chocolate cuando más la noté. Días antes, al beberme un batido de chocolate, sentí como un «pop» en el lado derecho de la tripa, pero no fue algo que me hiciera pensar cien por cien que era Gala. Pero ¡lo que noté días después comiendo la natilla fue mucho más! Noté como pompitas por mi barriga, moviéndose de un lado a otro... Es una sensación algo complicada de explicar con palabras, pero para que me entendáis fue algo así.

Esos momentos son superemocionantes y hacen que vivas el embarazo siendo aún más consciente de que otra personita está dentro de ti.

El embarazo es supercurioso, aunque desde que sabes que estás esperando un bebé, tu vida no vuelve a ser la misma y cambia superrápido. La idea de lo que implica tener un bebé va haciéndose muy poco a poco. Os aseguro que yo hasta que no tuve a mi pequeña entre mis brazos no fui consciente del todo. Sabía que estaba embarazada, que la notaba, que era una niña, que la amábamos con todo nuestro corazón, pero os prometo que aun así no te das cuenta del todo de lo que implica ser padres.

La naturaleza es sabia y nos hace ir pasando por distintas fases, para ir evolucionando también internamente y poder estar al cien por cien llegado el momento.

No imagino cómo se pueden sentir esos padres que de repente se enteran de que van a tener un hijo el mismo día del parto. Tiene que ser un shock enterarte en el mismo momento de que estás embarazada y que estás de parto. Sé que estos casos son poco comunes, pero existen, y vivirlo así debe de ser superdiferente y sorprendente.

Tercer trimestre.
Espera y libros

Al fin llega el deseado tercer trimestre. Cuando escribo «al fin», lo hago contando cómo me sentía como «embaraza primeriza». Ahora me digo a mí misma que no servía de nada tener tanta

prisa y que tendría que haber disfrutado de cada momento de esa preciosa etapa, pues nunca volverá de nuevo. Porque aunque te quedes otra vez encinta, cada embarazo es distinto y en mi caso no será el embarazo de mi hija Gala. Cuando me quede embarazada por segunda vez, sé que lo viviré de un modo totalmente distinto, pero ahí está la gracia, ¿verdad?

CUANDO ME QUEDE EMBARAZADA POR SEGUNDA VEZ, SÉ QUE LO VIVIRÉ DE UN MODO TOTALMENTE DISTINTO, PERO AHÍ ESTÁ LA GRACIA, ¿VERDAD?

Solo somos embarazadas y padres primerizos una vez en la vida. Aunque todo el mundo te dice que no tengas prisa y que disfrutes de que aún puedes dormir del tirón, de tener la casa recogida y cosas así..., tú sueñas con ver la cara a tu pequeñín; es algo que no podemos evitar, una ilusión tan grande que nos invade sin quererlo. Esta ilusión y ganas se acentúan las últimas semanas. Esas semanas en las que sabes que cualquier hora o minuto puede ser EL MOMENTO, pero que no llega... ¡Se hace bastante desesperante! Intentad no pensar en ello. Yo cometí el error de que cada día me parecía que iba a ser EL DÍA, pero no era, ni al siguiente..., y cada vez estaba más nerviosa. Por eso mi consejo es intentar no pensar en ello, aunque he de admitir que es muy complicado, o casi imposible (¡sobre todo para las mamis primerizas!).

Algo que yo noté mucho el último trimestre es que no paraba de ir al baño. Para mí no era una novedad, yo sin estar embarazada ya necesito ir al baño cada vez que bebo (bueno, he exagerado un poco, pero voy bastante), así que imaginaos cuando estaba tan embarazadísima. ¡¡Era un no parar!! En mis paseos matutinos siempre tenía que hacer alguna paradita en el súper para hacer pis... ¡Es la pura realidad! Sin filtros ni postureo, es que si no no podía seguir andando.

Otra cosa que se me quedó marcada del tercer trimestre fue el insomnio... No paraba de leer libros por la noche para intentar conciliar el sueño. Leía sobre todo libros de temática de embarazo, del nacimiento del bebé, del parto y de la lactancia... Algo que en lugar de darme sueño, me desvelaba aún más. Pero así soy yo, ¡qué vamos a hacerle!

En este periodo, otro aspecto llamativo fue que las burbujitas pasaron a convertirse ¡en patadas y codazos! Puede sonar mal, pero fue así. Gala es «superbrutita» y además superactiva, así que por las noches siempre montaba una fiesta en mi tripa y lo daba todo. Tanto que tenía que levantarme y ponerme a andar para que se relajara.

UNO DE LOS DETALLES MÁS BONITOS DE ESTA ÚLTIMA ETAPA ES DARTE CUENTA DE QUE TU HIJO YA RECONOCE TU VOZ

Uno de los detalles más bonitos de esta última etapa es darte cuenta de que tu hijo ya reconoce tu voz. Cuando Javi le hablaba o le cantaba a Gala, ella siempre se movía y ¡¡era algo precioso!! Un momento muy de los tres que jamás olvidaremos.

El embarazo está cargado de momentos increíbles, tantos que me daría para escribir un libro entero solo sobre esta etapa. Todos conocéis el resto de la historia (y si no lo tenéis en nuestro canal), pero ahora ha llegado el momento más esperado, ¡el parto! Y nuestro parto llegó como menos lo esperábamos.

El parto que jamás imaginé

Me atrevería a decir que es el momento en el que más pensamos todas las embarazadas, el parto.

¿Cuánto dolerá? ¿Dónde se iniciará? ¿Romperé aguas? ¿Me pillará en casa o en la calle? O peor aún, ¿comenzará cuando esté sola? ¿Y si no me pongo de parto? ¿Tendrán que provocármelo?... Cientos y cientos de dudas que se nos pasan por la cabeza cada día, sobre todo cuando el momento se va acercando...

En mi caso ocurrió todo de un modo un poco inesperado. He de confesaros que había pensado muchas veces en cómo empezaría, pero nunca, entre todas esas posibilidades, imaginé que algo así me sucedería a mí. Fue todo lo contrario a lo que siempre quise. Este es un error muy común, tendemos a idealizar el parto: a imaginarnos con nuestra pareja, rompiendo aguas durante la noche; saliendo tranquilamente hacia el hospital, y una vez allí dilatando en una habitación tranquila mientras él te masajea los riñones y te reconforta con frases de ánimo, esperando el momento de sostener a tu bebé; y después no soltarlo en horas, disfrutar de su olor, de estar los tres por primera vez juntos, de ese piel con piel, de sentir su respiración contra tu pecho...

Pero ¡¡mi parto fue todo lo contrario a lo que siempre soñé!! Os prometo que idealizar ese instante no va a ayudarnos... Tal vez pueda tranquilizarnos en esos momentos previos, pero no creo que sea algo que realmente sirva de apoyo.

PARA MI PRÓXIMO PARTO, SÉ QUE LO AFRONTARÉ CON OPTIMISMO, PERO TAMBIÉN MÁS CAUTA Y MENOS SOÑADORA, MÁS PRECAVIDA Y MENOS IDEAL...

Para mi próximo parto, sé que lo afrontaré con optimismo, pero también más cauta y menos soñadora, más precavida y menos ideal... Es bueno que tengamos en mente que cualquier cosa puede pasar, pero que sea como sea, todo saldrá bien, ¡¡eso por supuesto!!

No está mal organizarlo todo, cread vuestro plan de parto, hacerlo como soñáis... pero siempre teniendo presente que las cosas pueden no ser así y no por eso van a ser peores, solo distintas. Lo realmente importante no es el cómo, sino el fin, y que nuestro bebé esté bien. Si al final no podéis hacer piel con piel, algo que yo no pude hacer, ¡no pasa nada! Tiene que ser algo muy bonito, pero lo más importante es que nuestro bebé esté bien... Eso es algo que ya no me quito de la cabeza.

El gran día

La caída

Ahora sí que sí, os cuento cómo fue nuestro gran día y cómo me sentí, pero quería poneros un poco en situación para que me entendieseis mejor.

Mi parto comenzó un 16 de enero de 2017. Estaba de treinta y nueve semanas y deseaba que llegara ese momento. Era lunes y mi marido se había ido a trabajar. Yo estaba sola en casa, como era habitual a esa hora, y en la ducha.

Justo en ese instante llamaron al timbre del portal de casa... ¡Imaginaos la estampa! Estábamos esperando un paquete importante y lo primero que pensé fue: «¡Ay, voy ya!». Salí de la ducha con bastante cuidado pero torpemente ya que tenía una barriga prominente... Me dio tiempo a salir, enrollarme en la toalla, coger el telefonillo, abrir el portal e ir a la habitación a por algo de ropa. ¡Fue justo en ese momento cuando me resbalé y me caí al suelo! No os podéis imaginar cómo me sentí. Se me pasaron mil pensamientos por la cabeza en tan solo unos pocos segundos: «¿Estará Gala bien? ¿Dónde me he dado? ¿Ahora qué hago?»... Pero, sobre todo, «¿ESTARÁ BIEN?». Esa duda me estaba matando por dentro.

Luego me levanté y pensé: «Me he dado en el muslo, no en la barriga ni nada, así que estoy bien, seguro que está todo bien.

*en una de
esas ecografías
escuché su
corazón*

Tiene que estar bien. Pero ¿y si no?». Atendí al mensajero en toalla y con los ojos llenos de lágrimas, pero en cuanto se fue, no pude parar de llorar.

Lo primero que hice fue llamar a mi madre y contarle lo que había pasado. Ella decidió que vendría corriendo a mi casa para verme y pensar qué hacíamos. Yo mientras tanto me vestí para ver si había roto aguas por el golpe o no. Al estar mojada y con la toalla no podía discernir bien si salía líquido amniótico y si se había roto ya la bolsa por el golpe o si solo era agua de la ducha. A todo esto, al primero al que quise llamar fue a Javi, pero, claro, no quería asustarle ni preocuparle por algo que no fuera realmente grave. O eso fue lo que quería hacer, pero apenas terminé de hablar con mi madre, no pude evitar llamarle. Necesitaba contarle lo que me había pasado y vivir esto junto a él. Necesitaba su apoyo y que los dos saliéramos de ahí corriendo hacia el hospital para asegurarnos de que nuestra pequeña Gala estaba bien. Unos minutos después, y ya vestida, comprobé que la bolsa estaba rota y que no paraba de salir líquido amniótico.

El caos

Ya os podéis imaginar el resto de la historia. Yo llorando como una Magdalena, preocupada por Gala, por saber si también había sufrido el golpe. Javier cogió corriendo un taxi hasta el hospital. A mí me fue a buscar mi madre, que es mi ángel de la guarda, y también salimos hacia el hospital... ¡¡Fue todo un caos!! Jamás he sentido tanto miedo... El camino se me hizo eterno.

Javi llegó unos minutos después que yo al hospital, y me dio el abrazo que más he necesitado en mi vida... Estábamos asustados, los dos, y queríamos saber cómo estaba nuestro bebé lo antes posible.

Me pasaron a monitores, me hicieron ecografías y varias pruebas que ahora no recuerdo. Estaba tan nerviosa que son momentos que se han difuminado en mi memoria.

En una de esas ecografías escuché de nuevo su corazón. Ese sonido fue el más bonito que hemos oído nunca, Coquetes. Si en la primera ecografía escuchar el corazón de tu bebé es emocionante, oírlo en esta situación es también indescriptible. ¡Fue un milagro!

La caída había desencadenado el parto. Hizo que la bolsa se rompiera y se iniciara todo. Las enfermeras, matronas, ginecólogas me han insistido mucho en este punto concreto. El parto se iba a desencadenar igualmente horas después, estaba muy fina la bolsa y por eso se rompió por la caída, así que se podría haber roto con cualquier otro movimiento, al levantarme del sofá o andando por la calle. Ahora sí que sí, ¡¡¡estábamos de parto!!!

Todo fue superrápido. Nada más llegar al hospital y verificar que Gala estaba bien, me informaron de que tenía el cuello del útero completamente borrado y que estaba dilatada de dos centímetros. Me pasaron a planta y allí estuve dilatando. Os juro que yo no podía parar de pensar que era una quejica, porque me venían contracciones cada cinco minutos o menos, y eran superfuertes. No quería decirles nada aún a los médicos porque acabábamos de llegar, pero cuando vieron que las contracciones eran regulares, que estaba dilatada de cuatro centímetros y que la cosa iba bastante rápida, me pasaron a paritorios.

Muchos Coquetes habéis visto el vídeo de mi parto (vídeo: «Mi parto. ¡El final más emotivo!») y me habéis preguntado por qué no andaba para sentirme mejor. No sé si es porque fui una parturienta un poco particular, pero ¡¡¡no podía caminar!!! ¡Cuando me pasaron a paritorios tuve que andar unos pocos metros hasta el ascensor y no podía! Daba algunos pasos y me daban contracciones y tenía que parar, así todo el tiempo; ya eran cada minuto o cada par de minutos como mucho... Fue todo muy rápido, tenía las contracciones tan seguidas y duraban tanto que no podía caminar, ¡¡os lo juro!!

Una vez en el paritorio ya estábamos más relajados, concentrada en la respiración, y felices viendo las pulsaciones de nuestra princesita, en una habitación solos.

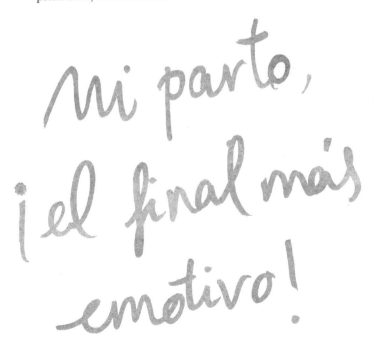

Llegó un momento en que las contracciones eran tan seguidas que no podía ni respirar..., cuando me daba la contracción, me dolía tanto que no podía ni coger aire. Decidí pedir la epidural y no sabéis lo bien que me sentó. Estaba de unos seis centímetros y me dio la vida. Sé que hay mujeres que paren con dolor, pero no hay que olvidar que cada persona es diferente y no a todos nos duelen las cosas igual ni soportamos de la misma manera el dolor. Admiro profundamente a esas mujeres, pero no es mejor una forma ni la otra, ambas son respetables y no juzgaría jamás a una mujer por algo así.

A eso de las seis de la tarde ya estaba dilatada completamente. Había llegado el momento de empujar y estábamos deseando hacerlo para ver a Gala. Cada vez la sentíamos más cerca y no podíamos aguantar la emoción.

Aún no sabíamos lo equivocados que estábamos... Gala nació a las once y media de la noche del 16 de enero, y comencé a empujar, como he dicho, a las seis de la tarde... Para que os hagáis una idea... Eso fueron más de cinco horas en la fase de expulsivo.

Complicaciones

Todo se complicó, de repente, y eso que pese a la caída que precipitó todo, el parto estaba yendo bastante bien. Las matronas no paraban de decirnos que estaba siendo un parto de libro, que iba perfecto, que para ser primeriza estaba dilatando superrápido... No podíamos estar más contentos. Todo eso cambió cuando nos enteramos de que Gala venía mal. Venía en posición cefálica, pero mirando hacia mi tripa en lugar de hacia mi espalda. Esto ya nos anunciaba que el parto iba a ser más largo, ya que nuestra pequeña tendría que girarse hacia mi espalda porque no podría flexionar completamente la cabeza en esa posición. Así que estuvimos todas esas horas empujando y cambiándome de posición cada rato para ver si se giraba.

A todo esto a Gala ya se le habían bajado un par de veces las pulsaciones. Lo sabíamos porque la máquina comenzaba a pitar de repente, avisando de que algo no iba bien. Nosotros nos alarmábamos mucho, pero al final nos tranquilizábamos porque las matronas nos decían que era normal, que no pasaba nada.

Con el paso de las horas y el cambio de turno de las matronas, la nueva se percató de que Gala no se había ido girando durante el parto hacia el lado izquierdo como nos comentaban inicialmente, sino hacia el lado opuesto. Así que yo me había estado colocando en una posición que no era la adecuada para hacer que Gala se terminara de girar y pudiera nacer de manera natural. Todo eso nos llevó a que la cosa se fuera poco a poco complicando más y a Gala cada vez se le iban bajando más las pulsaciones. De repente, ¡todo lo que ocurrió fue muy rápido! Comenzaron a correr para traer a la ginecóloga, la sala se llenó de personal médico, le dijeron a Javi que tenía que salir, y ¡yo en ese momento me asusté muchísimo! Los dos lo hicimos. Nos miramos y pude sentir el «todo saldrá bien» de Javi en mi corazón. Se fue y me quedé allí sola, rodeada de médicos, deseando que, por favor, nuestra pequeña estuviese bien.

OS PROMETO QUE TODO FUE VISTO Y NO VISTO Y QUE HAY COSAS QUE SE ME ESCAPAN

Os prometo que todo fue visto y no visto y que hay cosas que se me escapan, pero sé que me hicieron una episiotomía y que sacaron a Gala con fórceps para ayudarla a salir lo más rápido posible. Nuestra pequeña asomó la cabeza y comenzó a llorar. Entonces entró Javi, y todo fue más veloz aún.

El abrazo más emotivo

Me pusieron a Gala cerca de la cara, la miré a los ojos, ella me miró y, apenas un segundo después, se la llevaron corriendo porque vieron que no estaba bien. Solo pude mirar a Javi y pedirle, por favor, que no se separase de ella...

Y ahí me quedé yo, sola, sin Javi y sin mi hija, rodeada de desconocidos tratando de ayudarme a curar las heridas físicas. Ahora

me tocaba seguir con lo mío y terminar de parir. Y es que el parto no se acababa aquí, ahora tenían que sacar la placenta y ponerme bastantes puntos, pero eso mejor os lo ahorro.

Lo peor no fue quedarme allí sola, era el no saber cómo estaba Gala y el ser consciente de repente de lo mal que lo estaba pasando nuestra familia y, sobre todo, mis padres. Ellos no sabían nada, solo que llevábamos horas en el paritorio y que Javi había salido corriendo. ¿Os acordáis de que le dije que no se separara de Gala? Pues cumplió con el ruego, se fue corriendo tras ella y le dijo a nuestra familia que estaba todo bien, pero que habían surgido complicaciones.

Mis padres no podían aguantar más tiempo sin saber, y fue en ese instante, en el que me quedé sola con los médicos, cuando escuché a mis padres: «¿Dónde está nuestra niña? ¿Ella está bien? ¿Necesitamos saber algo de ella, por favor?». Y comencé a gritar: «¡¡¡Papá, mamá!!! ¡¡Estoy bien, no os preocupéis!! ¡Me están poniendo los puntos, por eso no os dejan pasar, pero estoy bien, os lo prometo!».

Quise que me escucharan porque sabía que eso les tranquilizaría más que cualquier cosa que pudieran contarles los médicos. En realidad yo por dentro estaba rota.

No sabéis lo increíble que fue el abrazo que me dieron mis padres cuando terminaron los médicos y les dejaron pasar a verme. Uno de los abrazos más emotivos de mi vida. Me sentía tan desolada por no saber cómo estaba Gala y por cómo había ido todo, que me derrumbé y no pude «hacerme» la fuerte para evitarles más dolor... No me imagino lo que tuvieron que pasar ellos. Ahora que tengo una hija sé lo que duele y entiendo que verme a mí así, y encima no saber nada de su nieta, tuvo que ser muy duro.

EL MOMENTO DE VER A GALA FUE ÚNICO. LA PUDE COGER, SENTIR SU CALOR, NOTAR LA DIMINUTA FUERZA DE SU MANO. FUE ALGO QUE NUNCA OLVIDARÉ

Un momento único

Pero las horas fueron pasando y al fin nos comenzaron a llegar informaciones de Gala. Todo estaba estable, pero no podían traerla a mi habitación. Necesitaba estar conectada a una máquina de oxígeno, con azúcar puesta en vena y con vigilancia constante en neonatos. Había sufrido mucho durante el parto, le había faltado oxígeno, le costaba respirar, y mil cosas más... Así que para verla tendría que esperar.

Menos mal que Javi no paraba de mandarme fotos, ya que él no se separó de ella en esas primeras horas tan decisivas... La compañía de mi familia y la de mi marido me hicieron sentir mejor. Gracias desde aquí a todos por ese amor y apoyo en momentos tan complicados.

Al día siguiente pude conocer a Gala. He de admitir que esa misma noche lo intenté, pero me fue imposible. Había perdido mucha sangre durante el parto y me desmayé al intentar andar

Fue algo que nunca olvidaré

hacia la zona en la que ella estaba... Así que los médicos nos aconsejaron que la visitase al día siguiente cuando yo estuviera algo más recuperada.

El momento de ver a Gala fue único. La pude coger, sentir su calor, notar la diminuta fuerza de su mano. Fue algo que nunca olvidaré.

Mi primera hija

¿Tener un hijo te cambia la vida? Esta pregunta es la que más me han hecho desde que tuve a Gala. Desde amigos, familiares, compañeras de plataforma e incluso vosotros, los Coquetes. Todo el mundo quiere saber si es realmente cierto eso de que te transforma la vida, si te la cambia poco o mucho de verdad, si tienen que seguir pensándoselo o dar el paso y saltar al vacío de una vez.

En mi caso yo os respondería que hagáis lo que os apetezca. Por supuesto, es una decisión muy importante, que no hay que tomar a la ligera y que hay que pensar MUCHO. Pero de ahí a estar posponiéndolo una y otra vez porque tenemos que tener una «vida perfecta» antes de dar el paso, me parece que es un error. Antes pensaba de ese modo. Estaba deseando tener un hijo con Javier, pero, claro, antes queríamos casarnos, un trabajo estable, un coche, una casa con jardín y mil ideas más que poco a poco se iban sembrando en nuestras cabezas como si no pudiéramos desear nada más. Muchos, sin quererlo, seguimos el protocolo o estereotipo sobre qué es lo más correcto.

¿ tener un hijo te cambia la vida ?

Toda una vida juntos

Todo esto me lleva a hablaros un poco de mi relación con Javier. Nosotros comenzamos a salir en octubre de 2004. Es un dato que cuando contamos, la gente se sorprende muchísimo. Siempre nos preguntan: «Pero ¿qué edad tenéis? ¡Madre mía! Pero entonces ¡¡lleváis juntos toda la vida!!».

Pues sí, llevamos juntos desde que éramos apenas unos adolescentes. Yo tenía unos 15 años y Javier 17... Ahora que lo recuerdo, siento que éramos unos niños. Es algo que me causa muchísima ternura.

Cuando empezamos a salir nadie daba un duro por nosotros, ¡hablando claro! Javi y yo éramos polos opuestos, o eso parecíamos. Cada uno con una personalidad distinta; él más espontáneo, yo más inocente; él más fiestero, yo más casera. Todos decían que duraríamos unas semanas juntos. Ahora, trece años después, seguimos juntos, estamos casados y tenemos una hija en común. No sé por qué hoy en día sorprende tanto esto de llevar tantos años con la misma persona y, sobre todo, el haber salido con una sola pareja.

NO SÉ POR QUÉ HOY EN DÍA SORPRENDE TANTO ESTO DE LLEVAR TANTOS AÑOS CON LA MISMA PERSONA Y, SOBRE TODO, EL HABER SALIDO CON UNA SOLA PAREJA

Lo mismo es una impresión que me da a mí, pero os cuento las experiencias que yo he tenido y en eso me baso.

Muchos Coquetes os habéis sentido identificados conmigo en ese aspecto, así que quería contarlo también por aquí por si os sentís igual u os hacéis las mismas preguntas.

¡Y mi respuesta es sí! Se puede ser feliz y mucho con la misma persona durante tantos años. Es más, estos años han pasado volando a su lado. Os prometo que cuando encuentras a esa persona que te complementa, que te mira y sabe lo que estás pensando, que te abraza cuando más lo necesitas, que te brinda apoyo cuando estás mal, no sé..., suena a pastelada, pero ¡es la pura verdad!

Eso no quita que nosotros tengamos nuestros más y nuestros menos, ¡como todas las parejas! ¡No me digáis que no sería superaburrido si estuviéramos de acuerdo en todo y jamás tuviéramos pensamientos opuestos, sería un rollazo!

Coleccionistas de momentos

Reconduciendo un poco el tema, que me voy por las ramas, si estáis a gusto con una persona, os hace feliz y el tiempo vuela a su lado, aprovechad, disfrutad cada momento y sed unos locos felices. Si el día de mañana se acaba, se iba a acabar igualmente, y al menos habéis disfrutado de esa etapa de vuestra vida al máximo. Cuando pasen los años y miremos atrás, esto será lo que nos llevaremos con nosotros. Esos momentos únicos e irrepetibles que iremos coleccionando con las personas que queremos. Ni coches, ni casas, ni bolsos..., ¡momentos!

E irán cambiando a medida que vayan pasando los años. El amor evoluciona y va transformándose cada día. Aún recuerdo la primera vez que Javi me cogió de la mano. Estábamos en nuestra ciudad de toda la vida, paseando con unos amigos. Recuerdo que uno de ellos tenía que visitar la tienda de mascotas para comprar comida o algún juguete para su perro. Estábamos por allí, como un par de adolescentes, en nuestro mundo. Realmente da igual dónde estuviéramos. Cuando empiezas a salir con alguien, te sientes como en un mundo paralelo donde nada ocurre a tu alrededor y ¡todo lo que haces con tu pareja se magnifica por mil! Así me sentí yo cuando me dio la mano. Os juro que se me puso la carne de gallina, tenía cosquillas por todo mi cuerpo e incluso me puse colorada. No estoy segura, pero recuerdo que noté cómo me ardían las mejillas y que no fui capaz ni de mirarle a los ojos.

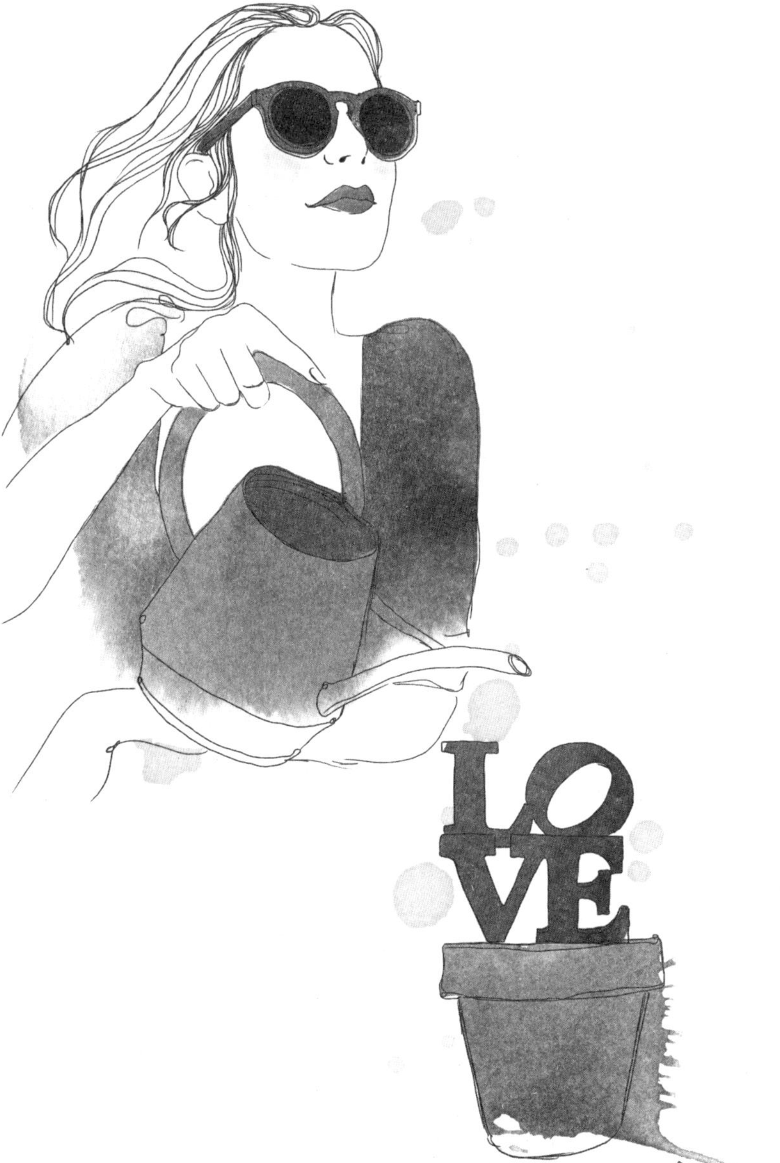
LOVE

Tal vez nuestros amigos tenían razón cuando decían que yo era muy inocente y no pegábamos, pero tal vez fue eso justamente lo que le llamó la atención de mí.

Ahora nos cogemos de la mano y a veces sin darnos cuenta. Parece que ahora es al contrario y en lugar de estar en nuestro mundo, nos hemos dejado absorber por las obligaciones del mundo exterior. Pero eso no deja atrás la magia que seguimos sintiendo el uno por el otro. Cuando conseguimos parar, dedicarnos un rato y mirarnos el uno al otro, volvemos a notar ese cosquilleo que me recorrió el cuerpo entero ese día que me dio la mano.

Y, sí, esto ocurre con el paso de los años. Pero no solo con las relaciones sino con todo. Por ejemplo, las vistas de vuestra nueva casa eran tan espectaculares cuando las disfrutasteis por primera vez, que os dijisteis que ibais a pasar tardes enteras apreciándolas y disfrutando de atardeceres mientras tomabais café caliente, pero luego la rutina os atrapa y pasan semanas hasta que os percatáis de que las vistas siguen ahí. Con esto no quiero decir que el amor se vaya apagando, ni muchísimo menos, cada día el amor crece y se hace más grande. Pero os mentiría si os contara que no es una semilla que hay que cuidar, regar, dedicar tu tiempo y amar como si fuera el último día. Esto es algo que deberíamos aplicarnos en todos los aspectos de nuestra vida, sobre todo cuando llega el bebé a casa.

Un bebé en casa

Ese momento único en el que sales del hospital y ahora, sí que sí, hay una nueva personita en el mundo que depende completamente de ti y además te das cuenta de que no tienes ni idea de cómo cuidarla o de qué hay que hacer.

Para los que aún no seáis padres, deciros que no os preocupéis, que aunque os parezca que no, el instinto paternal y maternal afloran en el instante adecuado y al final se sabe lo que hay que hacer. Pero mientras tanto, ¡ese nerviosismo no os lo quita nadie!

PARA LOS QUE AÚN NO SEÁIS PADRES, DECIROS QUE NO OS PREOCUPÉIS, QUE AUNQUE OS PAREZCA QUE NO, EL INSTINTO PATERNAL Y MATERNAL AFLORAN EN EL INSTANTE ADECUADO

Llegamos a casa y todo era ya distinto, aunque aún no habíamos tenido tiempo ni de sentarnos en el sofá, había una persona más en casa, y eso cambia las cosas.

Tengo que admitir que ser madre es complicado y a veces duro, pero es lo más bonito que me ha pasado en la vida. Ese amor tan grande que crece dentro de ti cuando te sujeta el dedito, cuando te sonríe, cuando lo estrechas entre tus brazos... Son momentos de un valor incalculable, de esos que os comentaba que hay que coleccionar muchos a lo largo de la vida.

Una cosa que me hizo gracia es que todo el mundo nos hacía la misma broma: «Cuando tengáis que cambiarle los pañales, ¡veréis qué gracia!», y tengo que confesaros que para mí lo más «difícil» no ha sido eso, para nada, al final es tu hijo y ya, pero vestir a nuestra hija Gala, ¡¡eso sí que es tarea difícil!! Es algo que nunca cuentan y que tenía ganas de dejar plasmado para advertir a otros papás. Esas manitas tan pequeñitas, esos calcetines minúsculos, ese body que hay que introducir por esa delicada cabecita... y a eso súmale la tensión del llanto, porque después de meses Gala sigue odiando que la vistamos. Cuando tenemos que cambiarla, los dos nos miramos con cara cómplice diciéndonos sin hablar: «¡Yo la cambié la última vez, te toca a ti!».

¡Tener un bebé es bastante divertido y muy distraído! Algo que no facilitará para nada que cuidemos la semilla de la pareja que os comentaba, Coquetes, pero hay que intentar sacar algunos minutos para nosotros, por cansados que estemos.

Al principio es más complicado, y el centro de vuestras vidas pasa a ser vuestro bebé, pero incluso así es bonito ser capaz de encontrar instantes durante el día que os unan como pareja.

A solas los dos

Incluso cultivando el cariño y la chispa de la pareja durante el día a día, con un bebé a cuestas, también es importante tener momentos a solas los dos.

Aún recuerdo el día que salimos por primera vez sin Gala. Ese día decidimos que iríamos a un sitio especial a comer algo, ya que nuestra hija estaría con los abuelos (sabemos que con ellos está superfeliz), y elegimos un restaurante «elegante», de esos en los que si vas con un bebé que llora, el resto de mesas te miran con mala cara porque el foie no sabe igual cuando se está escuchando a un bebé llorando. Es importante arreglarse.

Eso es algo que me ha ayudado mucho en mi recuperación posparto. Sentirme guapa y arreglarme, aunque me diese una pereza increíble.

En cuanto das el paso de maquillarte para salir en pareja después de tanto tiempo y ponerte un buen par de tacones, la cosa cambia, y mucho. Y no me refiero al maquillaje que nos echamos cada día que consiste en un poco de rubor en las mejillas, cacao en los labios y máscara de pestañas. Me refiero a esos momentos en los

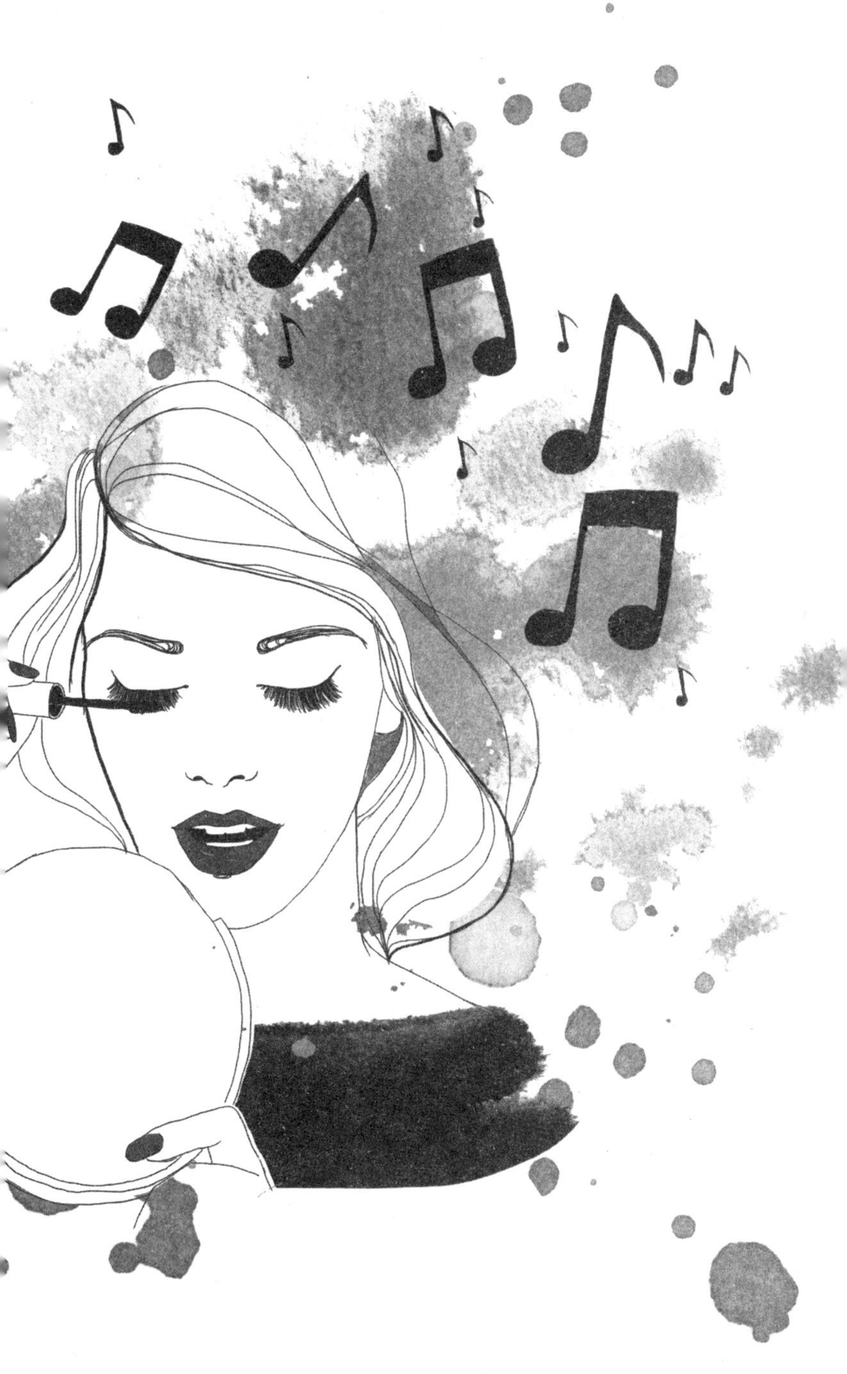

que pones tu canción favorita, esa que suena ahora en la radio y que conoces gracias a tus amigas, que te esmeras e incluso innovas probando nuevas sombras, colores que ni recordabas e incluso algo de eyeliner.

ES IMPORTANTE ARREGLARSE, ESO ES ALGO QUE ME HA AYUDADO MUCHO EN MI RECUPERACIÓN POSPARTO, SENTIRME GUAPA Y ARREGLARME, AUNQUE ME DIESE UNA PEREZA INCREÍBLE

Esa «primera» cita, después de la llegada de nuestra hija, fue algo muy bonito y reforzó aún más el amor que sentíamos el uno por el otro. Creedme que cuando sois padres de un bebé tan activo como Gala y la falta de sueño se resiente, es un gran esfuerzo salir... y no aprovechar ese momento para estar tirados en el sofá, ¡sin más!

Aquel día, al llegar al restaurante, algo cambió. De nuevo estábamos en ese mundo íntimo, tan de él y mío, sin sentir nada de lo que pasaba alrededor. Disfrutamos de una comida riquísima, acompañada de una charla intensa que nos hizo rememorar anécdotas de nuestra relación que hacía mucho que no recordábamos.

Fue como volver a mis 20 años, al día en que me vendó los ojos por mi cumpleaños y me llevó a la playa. Una vez allí me quitó la venda y pude ver un gran corazón en la arena en el que decía: «Feliz 20 cumpleaños, Verónica». O como cuando lo sorprendí con una cena de San Valentín preparada por mí, lo engañé diciéndole que íbamos al cumpleaños de un amigo en una casa rural.

Momentos como esos son los que construyeron lo que es hoy nuestra relación, y tener un hueco, un escape, dentro de la rutina, para recordarlos, hablar de nuevas ilusiones y de nuevos proyectos en común, ayuda mucho. Nadie dijo que fuera fácil tener un bebé, pero ¿y lo divertida que se vuelve la relación?

NADIE DIJO QUE FUERA FÁCIL TENER UN BEBÉ, PERO ¿Y LO DIVERTIDA QUE SE VUELVE LA RELACIÓN?

Diversión y magia

En nuestro caso, tener un bebé no ha supuesto que dejemos de coleccionar momentos especiales, lo que pasa es que ahora son mucho más divertidos: como cuando llevábamos en el aeropuerto de París más de seis horas esperando un vuelo retrasado y, de repente, a Gala le dio un ataque de risa e hizo que nosotros tampoco pudiésemos parar de reír; o cuando fuimos buscando un baño donde cambiarle el pañal en Nueva York y acabamos encontrando uno justo en el mismo lugar donde estaban haciendo un casting para *Solo en casa,* y al mirar a nuestro alrededor ¡descubrimos que estábamos rodeados de mini Macaulay Culkin por todos lados! Al final es una nueva etapa en la pareja, distinta, pero más mágica aún, donde el amor no se ha dividido al llegar una nueva personita a vuestras vidas, sino que se ha multiplicado por mil. ¡Bienvenidos a la etapa de vuestras vidas a la que podríamos llamar AMOR en mayúsculas!

Mamá 3.0

Capítulo

5

¿Cómo es ser madre con un trabajo tan desconocido como este?

Esta es una pregunta que los Coquetes que me seguís desde hace tiempo siempre, siempre, siempre me hacéis: «¿Cómo es ser mamá con un trabajo como el tuyo?». Y a continuación añadís otras dos: «¿Dónde está el límite entre el tiempo de ocio y el trabajo?». «¿Realmente es un trabajo?».

Comencemos explicando un poco en qué consiste mi trabajo. Me dedico, de manera resumida, a subir vídeos a YouTube y fotos a mis redes sociales. Visto así, en rasgos generales, parece algo un poco raro... ¿Eso es un trabajo? ¿Desde cuándo?

ME DEDICO, DE MANERA RESUMIDA, A SUBIR VÍDEOS A YOUTUBE Y FOTOS A MIS REDES SOCIALES

Cualquiera puede abrirse una cuenta en Instagram o un canal en YouTube, pero conseguir ganarte un sueldo no es tan fácil como parece. Es necesario ser muy constante, implicarte, transmitir, sentir lo que haces y, sobre todo, hacerlo sin buscar nada a cambio.

Así empecé yo. Mi trabajo no iba a ser este, ni muchísimo menos, yo había estudiado para ser técnica en nutrición. También había trabajado como comercial, dependienta, y me estaba preparando para conseguir una plaza de funcionaria..., pero nada más lejos de lo que terminaría siendo mi vida al final.

Es más, podría decir que las redes sociales fueron una terapia para mí. Como dije en anteriores capítulos, Coquetes, siempre quise dedicarme a la moda, así que poder plasmar todas mis ideas en las redes, en los vídeos... era mi vía de escape.

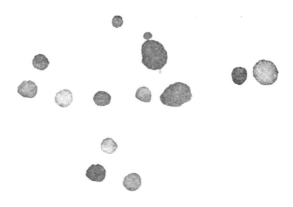

Crecer y crecer

Poco a poco fue creciendo y aumentando el número de seguidores a mis canales y al blog. Está claro que cada ser humano es diferente y seguro que muchas otras personas que se dedican a las redes han alcanzado esta meta de otro modo, pero yo siempre os hablo desde mi experiencia.

Cuando comienzas a crecer, cada vez más y más, y muchas personas, en mi caso vosotros, mi familia, os interesáis por los productos que utilizo, por la ropa que llevo, por el hotel donde me alojo..., ahí llegan las colaboraciones.

En realidad acabas haciendo lo mismo, pero una marca te lo ofrece antes por si estás interesado en probarlo y compartir tu opinión. En mi caso siempre he mostrado de dónde son mis looks, o cuál es el hotel donde nos alojamos cuando vamos de viaje, ahora la diferencia es que algunas veces enseño productos que me han ofrecido para probar y contar mi experiencia.

Está claro que no cojo todo lo que me llega, sería imposible, y además no me gusta TODO. Solo pruebo productos que me apetecen y cuento mi experiencia, sin más. Hay colaboraciones en las que el compartir esa opinión con las personas que te siguen se realiza a cambio de productos y otras a cambio de un presupuesto. Está claro que no como del aire. ¡Aquí surge la publicidad!

Trabajo estrella: compartir momentos

¡Ahí está la palabra estrella! La más odiada y amada por todos. La PUBLICIDAD.

Y es parte de mi trabajo. Una parte pequeña, os lo aseguro. Mi trabajo principal es el de grabar y editar vídeos. No sé muy bien si tiene un nombre concreto este tipo de actividad, muchos lo llaman ser vloguera o influencer..., pero no es lo que me considero. No sabría bien cómo llamaría al trabajo que realizo, pero tal vez sería, «compartista profesional».

NO SABRÍA BIEN CÓMO LLAMARÍA AL TRABAJO QUE REALIZO, PERO TAL VEZ SERÍA, « COMPARTISTA PROFESIONAL »

Me hace muy feliz compartir con vosotros, Coquetes, momentos únicos, especiales y que han marcado mi vida, como el día del parto. Hay muchas personas a las que les daría pudor, pero por el contrario a mí me hace muy feliz. Sé que con ese acontecimiento que vivimos muchos se emocionarán, otros llorarán, otros no querrán verlo, otros lo amarán y a otros les dará pudor. Pero hace sentir a la gente y ayuda a muchas otras personas, y eso es lo que más feliz me hace de compartir.

Cuatro días a la semana grabo cosas que vamos haciendo en distintos momentos, mi vida cotidiana y normal. Otro día lo que hacemos es grabar algún reto o *challenge* divertido. Esto es algo que incluí hace muy poquito a mi canal JustCoco Vlogs, porque durante unas vacaciones subí un par de ellos y ¡¡¡requeteencantaron!!! Todos los comentarios eran acerca de la «pechá» de reír que os habíais pegado con el vídeo, sobre qué buen rato habíais pasado o lo bien que os había venido para desconectar ese día. No pudimos hacer otra cosa más que incluirlo una vez a la semana, porque la risa es una fórmula perfecta para ser felices, ¡¡algo que todos los Coquetes llevamos muy dentro!!

LA RISA ES UNA FÓRMULA PERFECTA PARA SER FELICES, ¡¡ALGO QUE TODOS LOS COQUETES LLEVAMOS MUY DENTRO!!

¡Ay, Dios! ¡Cómo me enrollo! Pero quiero explicaros primero en qué consiste mi trabajo para luego contaros mi experiencia como mami. Volviendo al tema del trabajo que realizo, también grabo vídeos para mi canal de moda. Tengo que pensar qué tipo de vídeo quiero grabar, organizarlo, hacerlo, preparar miniaturas (son las portadas de los vídeos) y mucho más. Luego todo lo que hay grabado hay que editarlo y subirlo...

Entre correspondencias y fotos

Otra parte muy importante para mí es la de responder comentarios, *e-mails*, mensajes... Esta, para mí, es la parte más dura de mi trabajo. No porque no adore estar en contacto con vosotros, sino que muchas veces me siento tan impotente de no poder responder a todo que ha habido ocasiones en las que he terminado llorando. Es más, recuerdo que subí un vídeo al canal hablando de este tema (el vídeo se llama «Os pido disculpas y os cuento todo»). Al principio, cuando éramos poquitos, Coquetes, siempre respondía, pero ahora que somos casi medio millón, me es imposible... ¡y con mi peque, más aún!

Están los comentarios de los vídeos, de los dos canales, de todas las redes sociales, pues tenemos varias cuentas (la mía @modajustcoco, la de la familia @familiacoquetesoficial...), mensajes directos, *e-mails*... Y os prometo que lo leo todo, pero no me da la vida para responder. Y se me hace duro, precisamente por no ser físicamente capaz de contestar a todos, esa es la pura verdad.

Otro aspecto importante de este trabajo es hacer fotos a lo largo de la semana. Tengo que sacar fotos de looks, otras más familiares..., según la cuenta en la que vaya a ir la imagen. Esta parte me encanta, porque Javi disfruta mucho con la fotografía y me gusta tener también estos recuerdos en instantáneas. Soy muy fan de los libros en papel y de las fotos reveladas, llamadme melancólica o poco moderna.

Haciendo un pequeño resumen, mi trabajo consistiría en hacer fotos, grabar vídeos, editarlos, realizar colaboraciones, responder *e-mails* y comentarios...

Visto así, hasta a mí me parece coser y cantar. Mi trabajo es un trabajo «espejismo» como yo lo llamo. Desde fuera parece una pasada, y lo es, pero también es duro y complicado, y esa parte no se ve.

Un trabajo duro

Uno de esos aspectos es el de grabar cuando no te apetece, por ejemplo. Cuando grabo mi día a día, no pasa nada, porque la cámara empieza a filmar tal y como esté: bien, mal o regular. Pero cuando tienes que grabar un vídeo de looks y estás con la regla (no sé si es apropiado escribir esto en un libro, pero es la pura realidad y ¡estamos en familia!), tu tripa está hinchada, te sientes horrible... y además tienes que cambiarte cuatro o cinco veces y verte, ya todo es más complicado. Eso es lo peor, tener que estar viéndote mal en las fotos, en los vídeos... porque te notas de «bajón». Con bajón me refiero con la autoestima algo más baja e insegura; vamos, que te ves peor que horrible. Lo mismo al día siguiente te parece que las fotos están genial, o no, pero en ese momento concreto todo es un mundo. Solo te quieres esconder debajo de la manta.

Lógicamente, esto pasa en todos los trabajos. Hay días en los que no tienes ánimos de nada, pero trabajar hay que trabajar y punto. Pues en mi caso es exactamente igual, aunque haya gente que no lo vea así. Lo mismo termino de grabar una noche, estoy supercansada y lo único que quiero es tirarme en el sofá, pero tengo que editar el vídeo del día siguiente porque no tuve tiempo de hacerlo antes, pues he grabado toda la jornada fuera de casa. Son cosas que no se ven, pero existen.

Por mucho que os quieran mostrar en las redes sociales que la vida es perfecta no lo es, ¡ni para mí ni para nadie!

la primera
crítica duele,
las demás
no.

También están las críticas…, que a mí es lo que menos me preocupa. Cuando llevas poco tiempo en este mundo y recibes tu primera crítica es duro, ¡duele! A nadie le gusta que le digan que ese día va horrible, que vaya porquería de foto o que ese look parece que lo ha escogido tu hija. Cuando pasa el tiempo lo que te da es la risa. En este momento es interesante que os acordéis de la anécdota que os contaba del padre, el hijo y el caballo. Esa historieta no podría explicarlo mejor.

Gala, una balanza en mi vida

Dentro de lo bueno y lo malo, ¡¡la balanza se declina por lo bueno con diferencia!! Algo superpositivo de este trabajo es que eres autónomo y, como tal, te organizas tu tiempo. Eso es bueno y malo. ¡¡Yo nunca desconecto!! Poco a poco estoy obligándome a tener horarios, porque si no es IMPOSIBLE durar mucho sin «quemarse». Para que me entendáis, yo antes, en cuanto terminaba de hacer todas las tareas del día, me ponía a pensar dónde haríamos las fotos de la mañana siguiente, que el look no me convencía, que volvía a tener *e-mails* en el buzón, o que acababa de subir una foto a Instagram y tenía que pasarme a contestar. Es un trabajo que nunca se acaba, veinticuatro horas, así que he terminado por obligarme a mí misma que a partir de equis hora, paro, y paro de verdad.

¡¡YO NUNCA DESCONECTO!!
POCO A POCO ESTOY
OBLIGÁNDOME A TENER
HORARIOS, PORQUE SI NO
ES IMPOSIBLE DURAR MUCHO
SIN «QUEMARSE»

Y de repente me quedo embarazada y ¡llega mi primera hija, Gala! ¿Cómo afectó su llegada a mi trabajo? Pues fue algo maravilloso y muy duro a la vez. Ella ha traído muchísima felicidad a mi vida, sobre todo amor. Pero un bebé necesita mucho tiempo y dedicación, algo que al final te afecta laboralmente, aunque no quieras. Lo que peor he llevado ha sido organizar mi tiempo. Trabajar en casa es de las cosas que más me gustan de mi oficio, pero también la que más me ha costado. Por supuesto, los primeros meses fueron para mi hija. En el momento en el que ella quería pecho, me necesitaba o tenía cualquier cosa, era lo más importante... Eso siempre lo tuve clarísimo. Pero con el paso del tiempo, cuando me puse a trabajar otra vez de lleno, separar ambos mundos me resultaba muy complicado.

Cuando estaba frente al ordenador, pensaba en Gala. Ella estaba bien, por ejemplo, jugando, pero yo me sentía mal por no estar más tiempo junto a mi bebé. Cuando me dedicaba a ella, notaba un nudo en el estómago, pues visualizaba a las personas que llevaban ya varios días esperando una respuesta a su *e-mail*, me acordaba del vídeo que tenía que editar aún o me agobiaba por las fotos que tenía que hacer en algún momento, porque hacía días que no había preparado ninguna.

Me he dado cuenta de que en mi caso, como en el de muchos autónomos o personas que trabajan por cuenta ajena pero desde su casa, es complicado concentrarse en una cosa solamente. Estamos trabajando, a la vez cuidamos a nuestro peque y ¡es un poco locura! Hay veces que no estás ni aquí ni allí, y te sientes frustrada por no poder sacarlo todo.

Una vez que pasas ese primer periodo de adaptación, todo va sobre ruedas. Me siento superafortunada por tener un trabajo que me permite pasar tiempo con mi familia; coleccionar momentos únicos, que si no fuera por mi tarea no viviría; y tener en vídeo minutos increíbles, que, de nuevo, si no fuera por el vlog no los tendría grabados. Como todos los trabajos tiene sus cosas buenas y sus cosas malas, pero siempre se puede encontrar ese punto que hace que todo funcione.

COMO TODOS LOS TRABAJOS TIENE SUS COSAS BUENAS Y SUS COSAS MALAS, PERO SIEMPRE SE PUEDE ENCONTRAR ESE PUNTO QUE HACE QUE TODO FUNCIONE

Unas gotas de locura y diversión

Gala también ha aportado muchísima diversión y locura a mi vida. Cuando vamos a hacer fotos, es graciosísimo ver cómo se queda quieta mirándonos en plan «¿Qué les pasa a este par de locos haciendo todo el tiempo la misma foto?», o cómo se cuela en las imágenes... ¡¡o lo que montamos cuando queremos hacernos alguna todos juntos!! ¡¡Esos momentos son tan divertidos y bonitos!! «Proteto» (que es más que prometer) que alguna vez dejaré la cámara grabando mientras hacemos alguna foto ¡¡para que veáis la que liamos!!

También es superdivertido cuando estoy grabando un vídeo y se cuela en la grabación y hace alguna de las suyas. Y ya ni os cuento si mientras grabamos algún momento en el que estamos más cansados o apenados, llega ella y lo inunda todo con su energía. Nos hace reír cuando más lo necesitamos.

Para aquellos Coquetes que me estéis leyendo y estéis agobiados con este tema, os pido que os deis tiempo, veréis cómo todo se reorganiza y aprendéis una nueva rutina que os hace incluso mucho más felices. Todas las situaciones tienen cosas que nos gustan más y otras que nos gustan menos. Pero al final todas son las mejores para cada uno de nosotros. Si en vuestro caso no encontráis una situación que os haga felices, haced como yo, tiraos a la piscina, intentadlo..., porque ya ha llegado el momento de vivir la vida que siempre imaginasteis.

¡tiraos a
la piscina…
intentadlo!

mis secretos de moda y belleza

Capítulo

6

Cuando pensé el índice, sabía que no podía faltar un capítulo dedicado a la moda y la belleza. Tengo un canal de moda, así que no incluirlo era como dejar fuera una parte muy importante de mí. El tema de la belleza no es mi fuerte, pero quería dejaros algunos truquitos (poco habituales) que a mí me funcionan de maravilla.

Los básicos también molan

Siempre recurro a prendas con detalles cuando voy a vestirme. Es una lección que aprendí hace años y que me funciona la mar de bien. Antes solía comprar cosas con estampados, brillos... Todo lo que compraba tenía algo diferente. Mi objetivo era buscar prendas únicas, poco vistas, que tuvieran algo especial, como pequeños tesoritos. No es que no me guste hacerlo ahora, pero la diferencia está en que yo antes compraba las prendas de manera «independiente» y ahora pienso algo más en el conjunto del outfit. Es decir, en cómo combinarlas y en los usos que puedo hacer con ellas para aprovecharlas mucho más.

Sé que es una tontería y que todas lo sabemos, pero os aseguro que muchísimas no lo ponemos en práctica y luego nos colocamos delante del armario y «no tenemos NADA que ponernos». Todo esto imaginadlo con un armario a punto de estallar y lleno de ropa.

Una vez que te das cuenta de que los básicos también molan, y mucho, y de que les puedes sacar mucho partido combinándolos con prendas especiales, complementos joya y demás..., te cambia la vida.

Un ejemplo de un look que me ponía para salir un viernes a tomar algo antes de aplicarme el lema «básico con detalles especiales» era:

— Top negro con los hombros al descubierto y estampado un tigre en rojo con brillos (¡recuerdo que me flipaba este top!).

— Vaqueros con tachuelas, rotos, con tiras a los lados (¡¡con este fui superpesada!! ¡Javi siempre que quiere burlarse de mí en plan broma me lo recuerda!).

YO ANTES COMPRABA LAS PRENDAS DE MANERA « INDEPENDIENTE » Y AHORA PIENSO ALGO MÁS EN EL CONJUNTO DEL OUTFIT

— ¡Tacones altísimos negros! Me daba igual la forma, los apliques o la comodidad. Altos, altos, altos y altos..., ese era el único requisito que tenía en cuenta a la hora de escogerlos. Me encantaba cómo me estilizaban y además mis vaqueros preferidos (los que os he mencionado líneas atrás) me quedaban largos, así que me ponía taconazo sí o sí. Aquí tenéis un tip que usaba mucho en esa época: «No arregles los bajos de tus pantalones, así te verás obligada a ponerte tacones aunque no te apetezca».

Por el contrario, un outfit que me pongo ahora muchísimo para salir a tomar algo con los amigos:
— Camisa blanca. ¡¡Me flipa!! Por favor, os lo ruego, tenéis que poner una camisa blanca en vuestra vida. Siempre te salva de un apuro y las hay de mil formas y estilos. Para una ocasión más especial, que queráis ir más sexis, podéis optar por una camisa blanca en raso cruzada, con un buen escote y un sujetador de encaje en el mismo tono, para que quede más elegante. Si buscáis algo más fashion, «fachon», podéis escoger una camisa abotonada, abrochada hasta el cuello y poneros un collar joya. Esta opción me encanta. También podéis usar una camisa blanca tipo vestido, os ponéis unas botas altas y una blazer negra encima.
— La misma camisa también es perfecta para usar tipo informal con jeans y zapatillas deportivas, con un pichi (ahora es supertendencia) y unas moteras. Tenéis mil y una posibilidades. En cambio con mi top del tigre rojo lo tenía algo más complicado.
— De parte de abajo optaría por vaqueros. Otro que tampoco debe faltarnos. Pero no un vaquero muy recargado, sino más bien algo ceñido, pitillo y de talle alto. Este tipo de vaqueros podéis usarlo para TODO. Ahora están también muy de moda los vaqueros rectos con un poco de campana.
— De zapatos escogería algo cómodo, por supuesto, para así no sufrir, que no hay necesidad. Antes sí que usaba tacones de infarto, pero bueno, creo que esto depende también del tipo de salida. Si es una salida más tranquila o una salida para ir de marcha a tope. También depende mucho de cada persona... Yo no soy muy de tacones, pero es cierto que un buen tacón siempre es un acierto (si los aguantáis). Así que se puede decir que con respecto a los zapatos no he cambiado mucho, pero ahora busco también la comodidad.

Sin miedo a vestir

Después de compartir con vosotros mi tip de moda más famosete, es muy importante que tengáis en cuenta que para ir guapas, favorecidas, bonitas... ¡lo más importante es sentirnos seguras! Para ello, Coquetes, tenéis que dejar los miedos atrás y probaros de TODO hasta encontrar aquellas prendas que realmente os gusten, con las que os sintáis vosotras mismas y os identifiquéis.

Muchas veces cometemos el error de ir con lo de siempre aunque no nos guste, o de ponernos lo que llevan nuestras amigas o conocidas porque nos gusta cómo les queda a ellas..., y, al menos desde mi experiencia, esas cosas no funcionan. Siempre terminaba sintiéndome disfrazada y poco a gusto. Eso no quita que veamos una blusa que lleva otra persona, nos la compremos y nos encante, ¡no tiene nada que ver! Yo me refiero a que tenéis que encontraros a vosotras mismas, a vuestro propio estilo, para así adaptar los looks, las prendas, todo en general a vuestra persona.

PARA IR GUAPAS, FAVORECIDAS, BONITAS... ¡LO MÁS IMPORTANTE ES SENTIRNOS SEGURAS!

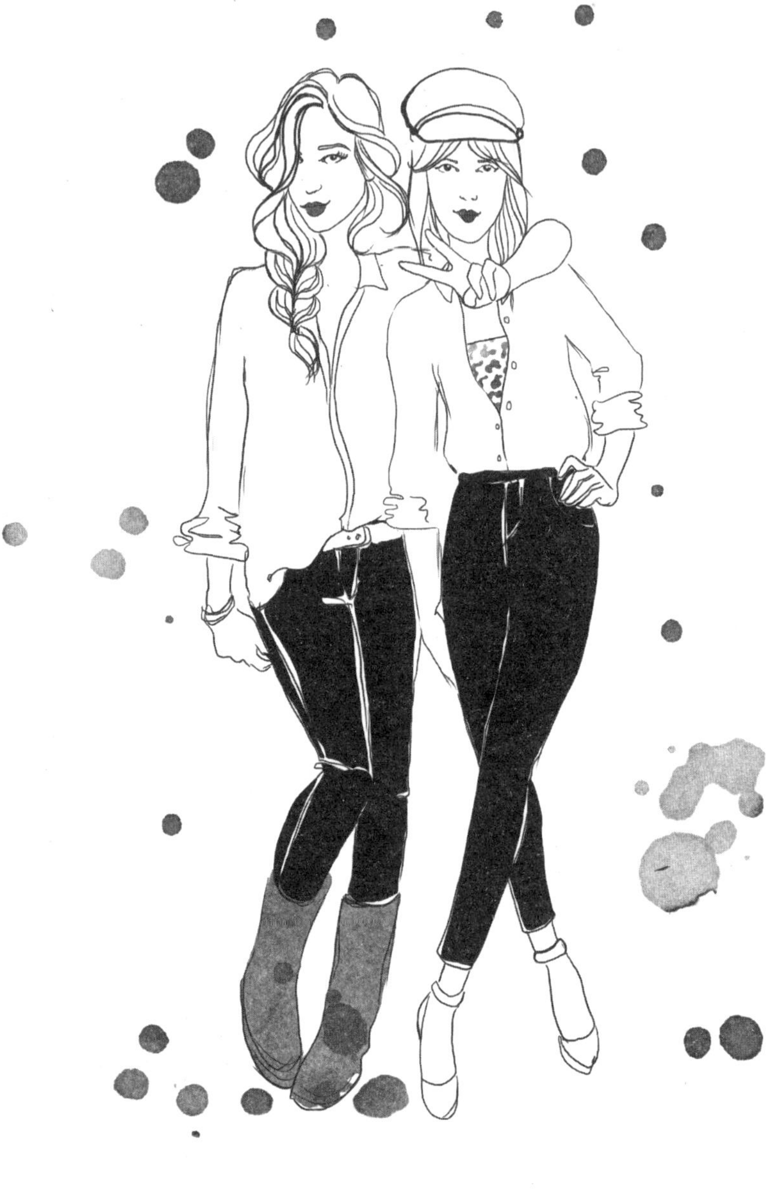

TENÉIS QUE ENCONTRAROS A VOSOTRAS MISMAS, A VUESTRO PROPIO ESTILO, PARA ASÍ ADAPTAR LOS LOOKS, LAS PRENDAS, TODO EN GENERAL A VUESTRA PERSONA

Otra cosa que a mí también me funciona bastante bien es no ponerme límites. Están muy bien todos los consejos de moda que existen según el tipo de cuerpo, altura, etcétera..., pero son reglas generales. No debemos tomárnoslo al pie de la letra. Yo no soy muy alta, me considero más bien bajita, mido 1,64. Cuando me pongo botas altas, siempre me dejáis MUCHÍSIMOS comentarios del estilo: «Me encantan, pero jamás me las pondría porque soy bajita», «Me gustan muchísimo, pero no puedo ponérmelas porque me harían parecer más bajita aún»... Sinceramente yo creo que cuando me dejáis estos comentarios, no sabéis que soy más bajita o igual que vosotras. En mi opinión, las «reglas» que existen para vernos más favorecidas están genial, pero tampoco hay que llevarlas al extremo. No por ser de cadera ancha voy a dejar de ponerme un bikini de rayas horizontales que me encanta y con el que me siento muy bien.

La belleza y la meditación

Cambiando un poco de tercio, otro tema que es superimportante para sentirnos bien son los cuidados de belleza. En este aspecto sí que soy mucho más perezosa... Siempre que tengo tiempo libre, prefiero hacer cualquier otra cosa antes que ponerme una mascarilla y un par de pepinos en los ojos. Con ello no quiero decir que no use mascarillas faciales, claro que sí, pero mucho menos de lo que debería.

Todas conocemos los típicos consejos de los pepinos, las bolsas de té, las mascarillas exfoliantes... Así que los consejos que yo os voy a dar son cosas que me sientan muy bien a mí para sentirme sana por dentro, y que luego se vea reflejado físicamente. Suelo tener mucha mejor cara cuando medito que cuando me pongo una mascarilla. Os parecerá una chorrada, pero es la verdad. No sé si os lo he contado alguna vez, pero mis padres siempre han sido muy aficionados al yoga, tanto que de pequeñita me llevaban a las clases con ellos y yo me ponía a mirarlos y a hacer las posturas a mi manera.

SUELO TENER MUCHA MEJOR CARA CUANDO MEDITO QUE CUANDO ME PONGO UNA MASCARILLA

Con el tiempo acabé apuntándome y me gustaba muchísimo. Mi parte favorita era el final, cuando hacíamos meditación. Además, mi madre desde siempre me había leído cuentos por las noches, que realmente eran meditaciones guiadas. Os dejo el nombre del libro por si tenéis peques y os interesa el tema. Se llama *Luz de la tierra, meditaciones para niños 4,* de Maureen Garth. El 4 es mi favorito, pero tiene muchos más.

Os «proteto» que meditar no es nada complicado. No tenéis que dejar la mente en blanco, algo que a mí me resulta muy difícil. Yo os aconsejo que os concentréis en vuestra respiración, en el movimiento de vuestra barriga y que poco a poco vayáis relajando distintas partes de vuestro cuerpo (incluida la lengua, esto me hace mucha gracia). Aun así yo no soy ninguna experta, así que si os interesa el tema os animo a investigar sobre ello porque es apasionante.

Agua milagrosa

Otro truco que me va genial para una piel bonita es... ¡¡¡beber agua!!! ¡¡¡Sí, me vais a matar!!! Seguro que pensáis: «Qué rollazo, todo el mundo con el tip del agüita...», pero es que os funcionará de verdad. Yo no bebo apenas agua, es más, tengo que obligarme bastante y he comprobado que ¡FUNCIONA! Cuando paso rachas sin beber agua, se me pone la piel superseca, me salen más granitos (como si las impurezas no tuvieran medio para salir. ¡Esto son paranoias mías!) y me noto hasta los ojos menos brillantes. Este tip que es tan sencillo de hacer, pero tan complicado de cumplir (para mí por lo menos) es uno que realmente funciona superbien.

Tampoco quiero enrollarme aquí poniendo consejos superconocidos de belleza, tan solo quería mencionaros algunos de los que más me gustan y suelo usar.

OTRO TRUCO QUE ME VA GENIAL PARA UNA PIEL BONITA ES... ¡¡¡BEBER AGUA!!!

Entre velas y celuloide

Para finalizar hay algunas cosas que también me ayudan mucho a sentirme más animada interiormente y que creo que os van a gustar bastante. Puede parecer ilógico que algo que nos cambie el sentido del humor o el estado de ánimo pueda afectarnos físicamente y hacer que nos veamos mejor, pero ¡os prometo que es así! Algo que nunca me falla es encender velas aromáticas. En mi casa siempre cuento con algunas de distintos olores, tamaños, etcétera. Cuando estoy algo más desanimada, enciendo una y me ayuda muchísimo. Me transmite mucha tranquilidad el centrarme en el olor, en la luz que desprende la llama... Tal vez sea algo que me ayuda a desconectar y parar. Muchas veces nos metemos en la rutina y no hay quien nos pare, aunque nuestro cuerpo nos lo esté pidiendo a gritos.

Otra opción que me flipa es ver películas que me transmitan ese buen rollo. Suelo ver películas Disney o infantiles que tienen alguna moraleja que enseñar. Hay una película de niños que se llama *Pollyanna*, donde el padre enseña a la protagonista el juego de la alegría. Tampoco quiero contaros mucho porque tenéis que verla, pero es jugar a fijarte en las cosas buenas, en lugar de centrarte y sumirte en la tristeza de las cosas que no son tan buenas y te hacen tanto daño.

encended

velas

aromáticas

las cosas que hay que hacer en familia ¡Sí o sí!

Capítulo

7

Crea tu propia tradición familiar

¡Un capítulo dedicado a la familia no podía faltar en un libro tan Coquete! ¿Qué me decís? Para nosotros, la familia es lo primero, tanto la familia de sangre como la que elegimos, y hay que dedicarles tiempo y cuidarlas también. Por ello os he querido escribir algunas cositas que nos van genial a nosotros para dedicarnos tiempo de calidad en familia.

La mayoría de las experiencias que os voy a contar los Coquetes que nos seguís desde siempre nos habéis visto hacerlas. Son cosas que no resultan complicadas, pero que, a veces, si nos encontramos inmersos en la rutina, puede que se nos olviden o simplemente que no se nos haya ocurrido hacerlas porque no es lo que se suele hacer en familia.

A decir verdad estas cosas yo no las hacía de pequeña en mi casa, pero hacíamos otras que también eran muy bonitas. Todo esto son solo ejemplos que nos gustan y nos funcionan a nosotros, pero sería genial que os paraseis un rato a pensar en vuestra familia y anotarais las cosas que hacéis y que permiten que paséis momentos inolvidables juntos.

Así, tened esa lista siempre presente, hoy y mañana, para que podáis aplicarla cuando creéis vuestra propia familia o comenzar a hacerlo desde ya si la tenéis y no se os había ocurrido.

«Al mundo, que es muy grande»

Por ejemplo, una tradición que había en casa de mis padres, que a mí no me gustaba nada, era la de «al mundo, que es muy grande». Se trataba de que muchos fines de semana, sobre todo los sábados, mi padre cogía y decía: «¡¡Venga, nos vamos por ahí!!». Y nos llevaba a un sitio sorpresa. En aquel momento pensaba que ni mi madre ni yo sabíamos dónde íbamos, aunque ahora que soy más mayor estoy segura de que lo decidían entre los dos.

la familia es lo primero

Era una tradición que a mí me daba mucha rabia porque no me gustaba no saber dónde íbamos, me ponía muy nerviosa, y todo el rato preguntaba: «¿Dónde vamos?»... y la respuesta siempre era la misma: «Al mundo, que es muy grande». Al final siempre disfrutaba. La sensación que tenía era igual a como cuando os preparan una sorpresa y os puede la intriga, pero a la vez no queréis saber nada porque os apetece dejaros sorprender, pues algo así. Esa tradición aún no la he aplicado en mi familia, tened en cuenta que mi hija tan solo tiene un añito. Pero la aplicaré segurísimo y estar de ese otro lado, el de dar la sorpresa, también me parece divertidísimo.

Perseidas y pizzas

Ya podéis ver por dónde va lo que quiero deciros, ¡TRADICIONES! Las tradiciones son algo superbonito para hacer en familia. Puede ser muy divertido seguir las que hacíais desde siempre en vuestra familia, pero también crear nuevas. Estoy segura de que habrá gente que leerá esto y pensará: «Pues vaya tontería, lo importante es hacer cosas en familia sean o no tradiciones. Además algo se convierte en tradición cuando se hace varias veces a lo largo del tiempo y no porque lo llamemos tradición simplemente». Cierto, pero también es verdad que cuando haces algo, y tú mismo ya le aportas el valor de tradición, se convierte en una quedada familiar que se vive con más ilusión.

Nosotros, por ejemplo, hemos creado la tradición de ver las perseidas todos los veranos y hacer una pizza casera esa noche. Es algo que llevamos haciendo varios años, antes incluso de nacer mi hija Gala, y no puede ser más bonito. Normalmente nos vamos a casa de mis padres que viven en el campo y allí se ven las estrellas muchísimo más... Una vez allí, hacemos una pizza casera y cenamos todos juntos.

Los días antes de las perseidas, cuando empiezan a anunciarlo en el telediario, vamos todos comentando que se acerca el día, y la fecha que elegimos es en la que más perseidas pasan, entonces comenzamos a pensar en qué tipo de pizza haremos esta vez... Es algo bonito de las tradiciones, que no es solo el momento en sí, sino la preparación y la ilusión que se ha creado alrededor de las mismas.

ES ALGO BONITO DE LAS
TRADICIONES, QUE NO ES SOLO
EL MOMENTO EN SÍ, SINO LA
PREPARACIÓN Y LA ILUSIÓN
QUE SE HA CREADO ALREDEDOR
DE LAS MISMAS

¡¡Recuerdo el primer año que hicimos las pizzas caseras!! La masa nos salió fatal y acabamos todos riéndonos y comiéndonos una pizza que no estaba nada rica. No pudimos reírnos más. Al año siguiente la hicimos mucho mejor..., y poco a poco hemos ido mejorando la receta.

Luego nos comemos la pizza en la terraza todos juntos, sin televisión ni radio ni nada de nada, solo acompañados por el silencio de la noche, que tan solo es alterado por el sonido de los grillos, y dedicándonos tiempo para hablar, contarnos nuestras anécdotas y pasarlo bien.

Después llega la parte más divertida, que solo hacemos Javi y yo, mis padres se quedan un rato, pero no duermen fuera. Nosotros vamos a tope, y siempre montamos una tienda de campaña para disfrutar de las perseidas toda la noche. Alguna vez nos hemos quedado dormidos y otras hemos pasado tanto frío que nos hemos tenido que meter dentro, pero lo guay es dormir junto a la persona que quieres viendo las estrellas atravesar el cielo, ¡no tiene precio!

Es una de las tradiciones más bonitas que tenemos.

Un santo especial y muy sabroso

Otra tradición muy graciosa que tenemos es celebrar nuestros santos comiendo recetas de distintos países... Uno de mis santos que más recuerdo fue el bautizado como «el santo hindú». El 9 de julio es santa Verónica y decidimos celebrarlo ese año haciendo platos hindúes y viendo una película típica de allí. No pudo ser más divertido, Javi apareció con una toalla liada en la cabeza y un lunar rojo en la frente, conocido en la India como bindi, que se había coloreado con mi labial. Si os apetece verlo, es graciosísimo, tenéis el vídeo en el canal de la Familia Coquetes y se llama «Mi santo hindú». Compartimos comida india, de nuestras favoritas, y vimos una película que al principio nos daba pereza, porque no es el estilo de peli que veríamos ni de

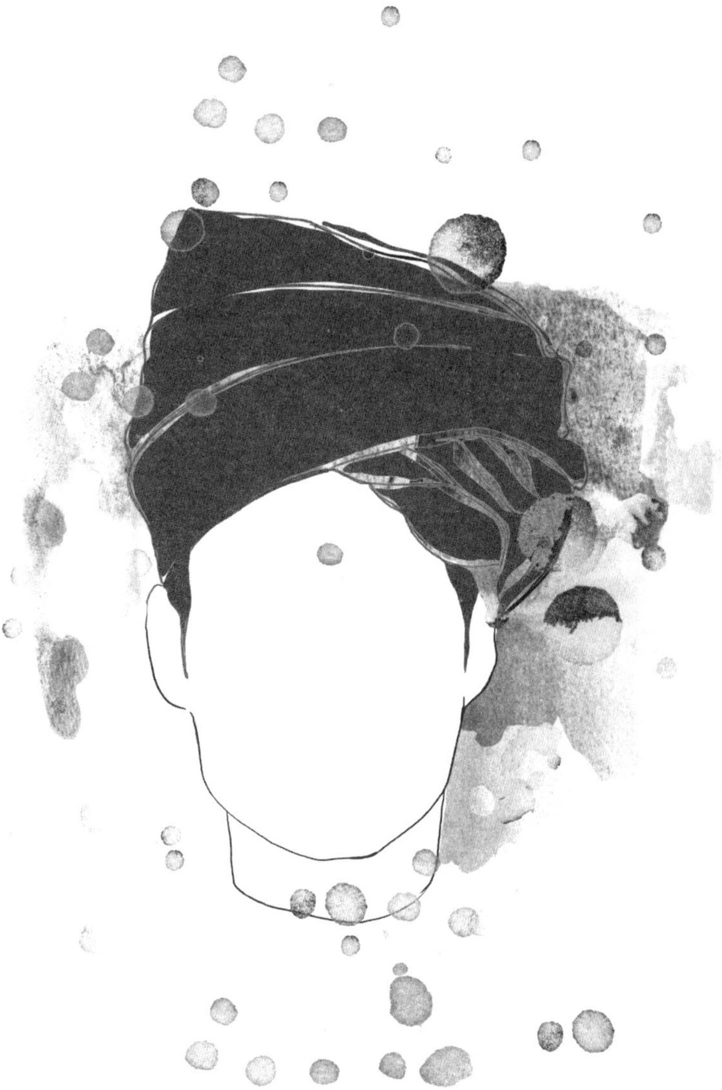

broma, y que terminó gustándonos mucho. La vimos en versión original subtitulada y estuvo superbien. La película se llama: *Chennai Express. Una travesía de amor.* ¡¡Os la recomiendo muchísimo!!

Esta tradición la volvimos a hacer al año siguiente, pero con mi mejor amiga, Aida, y ¡¡con comida italiana!! Y este año no sé cómo lo celebraré, pero me apetece que sea japonés.

«La fortaleza»

Otra tradición que tenemos que mola muchísimo es la de «la fortaleza». Esta es una tradición que sobre todo hacemos en verano (ahora que estoy escribiendo este capítulo... me acabo de dar cuenta de que muchas tradiciones las celebramos en verano. ¡¡Todas son en verano o en Navidad!!).

Consiste en llevar al salón el colchón para dormir ahí esa noche. Pero además de llevar el colchón, colocamos un montón de cojines y sábanas para hacer un «cabecero-techo»... Es la parte que más nos divierte, montar la fortaleza, cada vez de un modo diferente y cada año mejor. Luego picamos cualquier cosita y vemos una peli, pero el momento más guay es la construcción de la fortaleza con cosas que tenemos por casa, ¡es superdivertido!

Recuerdos familiares

Lo bueno de las tradiciones es que ya tienes CITAS O FECHAS concretas especiales con tu familia. Nos ayudan a ilusionarnos con cosas que no son materiales y además creamos recuerdos y momentos en familia únicos.

De ahí esa frase que siempre usamos los Coquetes que dice «coleccionando momentos». El día de mañana cuando seamos mayores, y la mayor parte de nuestra vida haya pasado y miremos hacia atrás, no recordaremos esa camiseta de tendencia, ese coche de lujo o ese sofá de ensueño, sino más bien la cena que pasamos en casa de nuestros abuelos, la excursión al campo que hicimos con nuestros hijos o el atardecer en la playa con nuestra pareja...

Coquetes que me estáis leyendo, no dejéis de coleccionar momentos, llenad vuestra mochila de cientos de ellos y sed felices, ¡de eso se trata vivir!

LAS TRADICIONES NOS AYUDAN A ILUSIONARNOS CON COSAS QUE NO SON MATERIALES Y ADEMÁS CREAMOS RECUERDOS Y MOMENTOS EN FAMILIA ÚNICOS

lugares únicos que visitar

Capítulo

8

Nuestros viajes más emocionantes

Como sabéis, Coquetes, lo que más nos gusta es viajar y descubrir lugares mágicos por todo el mundo. Viajar nos abre la mente y nos ayuda a entender el mundo en el que vivimos. Viajar es, sin duda, la única cosa que cuesta dinero y que de verdad te enriquece la vida. Es cierto que para hacer grandes aventuras hace falta ahorrar bastante, pero también se puede volar relativamente cerca y descubrir rincones únicos. Aquí quiero contaros ambos tipos de viajes y que descubráis por vosotros mismos que lo importante no es el lugar que elijáis, sino el momento que coleccionéis. Iré viaje por viaje, y en todos ellos os fijaréis que el recuerdo que se queda para siempre en la memoria no es el sitio en sí.

VIAJAR NOS ABRE LA MENTE Y NOS AYUDA A ENTENDER EL MUNDO EN EL QUE VIVIMOS

Escapada a Sevilla

Para un San Valentín, Javi y yo decidimos celebrar tan romántica fecha con un fin de semana en Sevilla. Encontramos una buena oferta y pasamos dos noches por 66 euros. ¡Una escapada romántica por 66 euros y la gasolina hasta llegar a Sevilla! Tengo que admitir que, algunos años después de aquello, sigue siendo uno de los viajes más románticos de nuestra vida.

Javi me preparó un montón de cartas que me fue dando poco a poco a medida que íbamos visitando los lugares más emblemáticos de Sevilla, como la Giralda, la Torre del Oro o la Plaza de España. Y aunque ese detalle de mi marido fue precioso, no fue lo más romántico del viaje.

Recuerdo que de repente comenzó a llover mucho, muchísimo, un chaparrón en toda regla. Para colmo, no llevábamos paraguas y ¡¡no encontrábamos taxis por ningún lado!! Estábamos en una zona alejada, por lo que no era fácil que pasara uno ni comprar un paraguas en la típica tienda de *souvenirs*... Así que decidimos llegar a un lugar donde refugiarnos. Comenzamos a correr cogidos de la mano, empapados, sin parar de reír y mirándonos a los ojos, diciéndonos sin hablar que ese estaba siendo un momento único. ¡¡¡Cuando alcanzamos una zona donde protegernos de la lluvia, estábamos ya empapados!!! La ropa chorreando, los zapatos con más agua dentro que fuera y el pelo como si acabáramos de salir de la ducha. Entonces supimos que teníamos que seguir con nuestra carrera bajo la lluvia, total

¿qué más daba si nos mojábamos más? ¡¡De nuevo corrimos y corrimos y así hasta que llegamos al hotel!! Os prometo que es una anécdota que siempre recordamos cuando hablamos de nuestros viajes en pareja. Pero la cosa no acabó ahí... Una vez en la habitación, nos dimos una ducha bien caliente y nos pusimos ropa seca. Entonces a mí me dio el bajón, comencé a encontrarme un poco mal..., me eché en la cama y me dormí. Cuando abrí los ojos, Javi me comentó que aunque era San Valentín no hacía falta que saliéramos a cenar, que no me preocupara por nada, que él se encargaría de todo.

Se marchó y ¡¡cuando regresó no pudo hacerme más ilusión!! Traía menús del Burger con un par de coronas. En ese momento comenzamos a reírnos y os juro que no podíamos parar. Me pareció precioso cómo Javi quiso cuidarme e intentar que esa noche fuera «especial». Me dijo que había tratado de traerme comida de varios restaurantes, pero que ninguno ponía comida para llevar, y menos una noche como esa, así que acabó en el Burger y ¡¡¡a mí me pareció el gesto más romántico del mundo!!! Tenemos una foto graciosísima en la que salimos los dos sobre la cama, con nuestros menús y nuestras coronas, como Reyes en una gran cena de gala.

La cena de San Valentín, en nuestra escapada sevillana, es uno de los recuerdos que guardo con más cariño. Aunque las cosas no salgan como planeamos, siempre podemos hacer que sean especiales.

AUNQUE LAS COSAS NO SALGAN COMO PLANEAMOS, SIEMPRE PODEMOS HACER QUE SEAN ESPECIALES

Nuestra luna de miel: Nueva York-Las Vegas-Ruta 66-Gran Cañón

Esta fue nuestra luna de miel. Un viaje de ocho días, como capítulos tiene este libro, en el que estuvimos en Nueva York, para luego volar a Las Vegas y alquilar un coche para hacer parte de la Ruta 66 hasta el Gran Cañón. Fue nuestro primer gran viaje solos los dos. Es un viaje que es más costoso que el de Sevilla, pero en el que también coleccionamos momentos increíbles que fueron totalmente gratis.

Nueva York siempre ha sido una ciudad muy especial para mí, y poder ir con Javi siendo mi marido fue aún más especial. Nos pateamos las calles de arriba abajo sin parar de ver cosas, de subir a edificios, de hacernos fotos, de besarnos en cada rincón... Todo era un sueño. Pero hay una anécdota, dentro de esos días en los que estuvimos en Nueva York, que recuerdo con un cariño especial.

Estábamos paseando por una de esas larguísimas avenidas, y en un cruce había un grupo cantando un rap y ¡¡Javi se metió a rapear con ellos!! ¡¡No podía parar de reír!!! Javi siempre es tan espontáneo y divertido, no tiene vergüenza, y le gusta disfrutar a tope de las cosas que le ofrece la vida. Pensé que yo también debería ser así más veces. Suelo ser más tímida, aunque en los vídeos no lo parezca. Cuando me dicen que haga «locuras» como bailar en mitad de la calle, gritar «te quiero» rodeada de desconocidos o hacer cosas así, ¡¡suelo ser bastante tímida!! Supongo que por eso, y por la cara de felicidad de Javi, ese momento se quedó grabado en mi mente y mi corazón para siempre.

Otra anécdota que fue superespecial ocurrió cuando íbamos en coche al Gran Cañón. Los dos solos, cruzando desiertos increíblemente bonitos y aterradores a la vez. Me ponía supernerviosa solo de pensar que no sabíamos cuándo íbamos a encontrar la siguiente gasolinera o que, de pronto, tuviéramos percances como que se nos pinchara una rueda o cualquier cosa. La inmensidad de los desiertos de Arizona es tan grande que abruma, pero a la vez es una auténtica pasada. Por supuesto, de este viaje todos los recuerdos son increíbles, visitar una maravilla de la naturaleza como esta nos dejó sin palabras. Pero recuerdo con mucho cariño uno fugaz durante la vuelta. Los dos tan abrumados, tan felices tras ver algo tan maravilloso, viendo atardecer en el coche, mientras conducíamos por Arizona, por una zona verde preciosa (sí..., aunque casi todo allí es desierto, hay vida verde cuando te acercas al Gran Cañón, sobre todo por la zona de Tusayan)... entonces saqué la mano por la ventanilla y comencé a hacer ondas con ella. Me sentí TAN feliz junto a Javi en el coche. No sé por qué elijo ese momento entre tantos tan bonitos, quizá porque fue esa sensación la que se me quedó grabada en el corazón para siempre.

NO SÉ POR QUÉ ELIJO
ESE MOMENTO ENTRE
TANTOS TAN BONITOS,
QUIZÁ PORQUE FUE ESA
SENSACIÓN LA QUE SE
ME QUEDÓ GRABADA
EN EL CORAZÓN PARA
SIEMPRE

Viaje navideño en familia: La Alsacia francesa y suiza

¡Las Navidades de 2017 decidimos hacer un viaje en familia! Eran las primeras Navidades de nuestra hija Gala y no queríamos dejar de hacer algo especial. ¡Además, somos unos christmaquetes (locos por la Navidad), así que no podía ser de otra manera!

momentos únicos en familia

En este viaje hay muchísimos momentos especiales que jamás olvidaré..., pero uno de ellos es tan mágico, que es el que me apetece compartir ahora aquí con vosotros. Estábamos en Zúrich, y muchísimos Coquetes que viven allí nos escribieron por las redes comentándonos que querían vernos, que les haría muchísima ilusión... ¡¡Y esa ilusión era tan mutua que decidimos hacer una quedada allí!! Mis padres estaban encantados, ellos os adoran, Coquetes, y siempre están deseando conoceros y poneros cara, al igual que nosotros. Así que sin pensarlo dos veces se convirtió en uno de nuestros planes del viaje.

Hicimos la quedada en el Museo Nacional. Pensamos que era buena idea porque había un alumbrado de luces navideño superbonito que podíamos ver todos juntos..., pero esa tarde comenzó a caer el diluvio universal. Os prometo que no había visto un chaparrón tan grande en mi vida. Decidimos refugiarnos en la estación y de ahí nos fuimos junto con los Coquetes que ya habían llegado a una cafetería cercana a merendar algo calentito.

Avisé en las redes de dónde estaríamos, por si algunos se habían despistado u otros querían acercarse más tarde, que no pensaran que estábamos en el Museo Nacional.

Una vez en la cafetería comenzaron a llegar cada vez más Coquetes y poco a poco fuimos conquistando más mesas, ¡¡hasta hacer nuestra media planta!! Estaba siendo todo tan bonito. Allí juntos, merendando, compartiendo anécdotas, conociendo vuestras historias; vosotros dando tanto cariño a Gala... Os prometo que pensaba que no podía ser más bonito. Y de repente lo fue... Empezó a nevar como nunca habíamos visto antes.

Nosotros somos de Málaga, así que no hemos visto nevar mucho. Tan solo en alguna ocasión que hemos ido a pasar el día a Sierra Nevada, pero ¡poco más!

¡¡Fue tan mágico!! ¡¡¡Continuamos merendando con esas vistas!!! Veíamos cómo la estación que estaba en frente cada vez iba acumulando más y más nieve. Cuando terminamos de merendar y charlar, decidimos salir para hacernos una foto grupal con la nieve. Tan solo puedo decir ¡¡¡GUAU!!! Qué emocionante... Todos allí jugando con la nieve. Gala era la primera vez que la veía, a nosotros la primera vez que nos nevaba así y los Coquetes estaban disfrutando ese «primer» momento con nosotros... ¡Os prometo que no tengo palabras! Del viaje a Sevilla y del de la luna de miel no tengo nada publicado en mi canal de vlogs, pero de este sí. Así que, por favor, ¡¡tenéis que ir a ver el vídeo porque hay cosas que no se pueden describir con palabras!! Como siempre lo encontraréis en el canal de Youtube JustCoco Vlogs (más conocido como Familia Coquetes) y el vídeo se llama «El momento más especial del viaje + temporal de nieve con nuestra familia suiza».

En ese instante tan mágico también hay un detalle que me llegó al corazón, y ocurrió mientras regresábamos al apartamento. Ya se habían ido todos los Coquetes, estábamos andando para

llegar al apartamento que no quedaba muy lejos y, de repente, nos paramos a mirar cómo nevaba. Entonces mi padre abrió los brazos y gritó: «GRACIAS». Verlo tan feliz a él, a mi familia en general, a los Coquetes que también sois mi familia, hizo que ese momento también se grabara en mí para siempre.

la
Coqueconclusión

Hasta aquí CASI ha llegado el libro... y como conclusión yo os diría algo corto, pero que encierra mucha verdad. Si podéis, Coquetes, viajad; conoced mundo; vivid experiencias nuevas, ya sea lejos de casa, en el pueblo de al lado o incluso en vuestra propia casa... Dejaros llevar, sed locos felices, disfrutad mucho, reíd hasta no poder más, cread fortalezas, cantad bajo la lluvia, ved estrellas y pedid deseos, haced felices a otros, probad comida nueva, en definitiva vivid y coleccionad momentos, porque eso es la FELICIDAD.

También quería aprovechar esta coqueconclusión para dar las gracias. Sí, lo sé, soy muy pesada dando siempre las gracias, pero es algo tan bonito que me han inculcado mis padres desde pequeña que no podía dejarlo pasar en mi libro.

Gracias a Javier por ser mi compañero de vida desde que tenía 15 años... En esa época me sentía supermayor, pero ahora veo que era una niña y, sin embargo, no pude haber tomado una decisión más acertada. Tal vez la tomamos nosotros, tal vez fue el destino, pero fuera como fuese, ha sido la decisión que ha marcado mi vida por completo. Te quiero.

Gracias a Gala por ser un ejemplo de lucha desde que naciste. Siempre has sido muy fuerte y has afrontado momentos difíciles con una sonrisa, sin todavía saber hablar, decir mamá o conocer nada del mundo. Lo llevas en ti, en tu corazón, y eso, pequeñaja (como siempre te llama papá), no debes perderlo nunca.

Gracias también a mis padres, Pepi y Andrés, por enseñarme lo más importante, a tener buen corazón. Sé que me habéis enseñado todo lo que sé, pero esto creo que es lo más valioso que podíais darme. Gracias por no mostrármelo solo con palabras, sino también con hechos. No podría estar más orgullosa de teneros como padres.

Gracias a mi familia, a todos y cada uno de ellos, y en especial a mi abuelo Paco por demostrarnos lo que es el amor verdadero.

Gracias a mi abuela Isabel, que aunque ahora no está aquí, sé que ella ha estado siempre junto a Gala para ayudarla y cuidarla cuando más lo necesitaba.

Gracias a mis mejores amigas, Sandra y Aida, por ser las hermanas que nunca tuve. Por quererme tal y como soy, con mis cosas buenas y mis defectos (que no son pocos).

Gracias, por supuesto, a todos mis amigos y familiares, que aunque no os nombre aquí con nombres y apellidos (por no extenderme y no por falta de ganas), sabéis perfectamente quiénes sois. Gracias por estar siempre a mi lado, gracias por tal vez haber desaparecido en un momento dado y luego reencontrarnos como si no hubiera pasado el tiempo. Gracias a todos, porque cada uno de vosotros me habéis ayudado en el camino.

Gracias a mis Coquetes por darme la oportunidad de vivir de lo que me gusta, por ayudarme a cumplir mis sueños, por motivarme a superarme cada día y a luchar por mis metas. Gracias por todo el cariño que me dais a mí, a mi familia y a todos los Coquetes que formamos esta increíble y loca familia.

Gracias, por último, a todo el equipo editorial, en especial a David, Gonzalo y Ana por tratarme con tanto amor y paciencia. Gracias por intuir en mí lo que yo no podía ver, y gracias por todo el cariño y apoyo en estos meses. Sois increíbles.

Y después de los agradecimientos (ya os advertí que me encantan y que me iba a enrollar... Estoy haciendo un esfuerzo muy grande por no seguir dando las gracias), no quería terminar el libro así..., de ahí el CASI.

¡¡Siempre he sabido que el final de este libro tenía que ser para sacaros mínimo, mínimo, mínimo, una sonrisa!! ¡¡Por eso el final es para el Diccioquete más divertido y molongui del mundo!!

¡Os mandamos (¡Javier y Gala se incluyen!) cientos de miles de millones de besos y os deseamos todo lo mejor! ¡¡Muuuuuuack!!

Diccioquete

Christmaquete. Coquete muy amante de la Navidad. Suele ir montando los adornos de Navidad a finales de agosto y los retira a principios de julio. Lo que más le gustan son las luces de Navidad, por lo que el mayor problema de un christmaquete es pagar la factura de la luz de diciembre.

CMMB. Cientos de miles de millones de besos, lo que todo Coquete dice cuando se despide de otro Coquete.

Coleccionar momentos. Filosofía de vida de la Familia Coquetes. Se trata de buscar momentos especiales en la vida cotidiana y recordarlos para toda la vida. Puede ser cualquier acción que sea única por cualquier motivo: colocar una bola distinta en el árbol de Navidad, mirar un atardecer en pareja, acabar riendo a carcajadas cuando se está con amigos... Una vez que sigues la filosofía de coleccionar momentos, vas buscando fomentar los especiales incluso estando tirado en pijama en casa por la noche: jugar a la consola en pareja, preparar una cena romántica en casa con las sobras de comida del mediodía, hacer competiciones de aguantar la mirada para que el ganador elija la película de esa noche...

Coquete. Persona especial con ilusiones, con sueños, con ganas de pasárselo bien, de hacer feliz a los demás y a uno mismo. Es difícil distinguirlo de otra persona no Coquete, salvo por esa sonrisa y esa chispa peculiar en los ojos que solo otros Coquetes pueden ver.

Coquetes Awards. Los premios más especiales de todo el planeta. Los nombres de los Coquetes que hayan dejado un comentario amoroso, divertido o molongui (leer definición en la página siguiente) se incorporan a una nube luminosa en Pisete Coquete. Son como los Oscar de los Coquetes, pero mejores. La Academia de Hollywood está planteando incorporar una nube en su ceremonia de entrega de premios para mejorar el caché de las estatuillas.

Coquetelandia. País donde patinan sobre hielo los Coquetelienses, donde siempre es Navidad y no se cobra por el alquiler de los patines.

Coquetito/a. Titos Coquetes virtuales de Gala, la pequeña de la casa. Todo Coquete pasa a ser Coquetito cuando sonríe sin querer al ver alguna de las trastadas de Gala.

Coquesobri. Nombre que recibe Gala para los Coquetitos.

Coquetómetro. Camino de luces que sirve de contador para la cantidad de Coquetes en la familia. Con cada bombilla encendida el nombre de un Coquete pasa a estar apuntado en la pared. Cada cincuenta mil Coquetes en el canal se desvela un sueño por cumplir y se realiza lo antes posible. El sueño está escondido en una bolsa al inicio del coquetómetro.

Fachon. Estilosa, pero molongui a la vez. Una falda fachon es estilosa y además tiene algún detalle especial. Una falda en tendencia puede no ser fachon, pero una falda fachon siempre estará en tendencia.

Frita. Dormida. Cuantas más veces seguidas, más profundo es el sueño en el que se está. Con cada frita se avanza un nivel más en el sueño, como en la película *Origen*. Gala suele estar en el nivel tres: frita, frita, frita.

Laisison. Palabra que inaugura los Coquetes Awards, para reflejar que la nube luminosa está encendida y ya tiene los nombres de los Coquetes premiados.

LCMM. La caña del mundo mundial. Algo muy especial. Suele expresar más que la molongui.

Molongui. Especial, que mola demasiado. Se puede usar para casi todo lo que a uno le gusta. «Mirad qué sudadera tan molongui». «Me he encontrado a una Coquete muy molongui».

Pechá. Expresión muy malagueña para expresar «montón» o «mucha». «Había pechá de gente en el concierto». «Te quiero pechá».

Pechote. Superlativo de pechá. Se usa cuando pechá se queda corto. «No cabía un alfiler, había pechote de gente».

Pezquete. Pez naranja de raza goldfish que vive en Pisete Coquete.

Pezquete 2. Sustituto de pezquete para las escenas peligrosas desde que pezquete se hizo famoso y acabó en el Paseo de la Fama de los Peces.

Pisete Coquete. El pisito en el que vive la Familia Coquetes. No es muy grande ni muy pequeño. Es exactamente del tamaño que se necesita que sea.

Proteto. Es como prometer, pero con mayor nivel de compromiso. Está incluso por encima de jurar. Cuando protetes algo, tienes que cumplirlo. Os lo proteto.

Reventeishon total. Cansadísimo, hecho polvo y destrozado a la vez. Si estás reventeishon total, es mejor que te eches al sofá y veas una peliculita.

We, we, we. Cántico motivacional de los Coquetes. Sirve tanto para celebrar algo como para motivar cuando se va a hacer algo difícil. No lo hagas antes de un examen porque la gente te puede mirar raro. No hay límite para el número de «Wes» que se pueden decir, pero se recomienda usar con moderación.

Este libro
se terminó de imprimir
en el mes
de octubre de 2020